국민학교 중퇴, 막노동하는 엄마 숙희가
자기 이름으로 일어서는 이야기

굳세었다!
숙희야

이숙희

머리말

　1959년생 이숙희입니다. 제일 먼저 이 글을 읽으시는 독자분들께 감사 인사부터 올리겠습니다. 제 이야기를 읽고자 이 책을 펼쳐 주신 분께 감사드립니다. 2022년 어느 여름날, 경남 신중년 인생 이모작 수기공모전에 참가할 당시만 해도 제가 이렇게 책까지 낼 것이라고는 상상도 못 했습니다. 그저 열심히 살아온 이야기를 책으로 내려고 하니 저의 짧은 학력이 드러나는 것이 창피하기도 하고 부끄럽기도 하고 한편으로는 설레기도 합니다. "숙희야, 수고했다. 정말 굳세었다!"라는 말을 듣고 싶어서 이렇게 책까지 쓰게 되는 것 같습니다. 또 어느 누군가는 책을 읽고 용기를 낼 수 있지 않을까 그런 생각도 해 봅니다. 그래서 제 가슴속에만 묻어 두었던 이야기를 용기 내어서 풀어내 보려고 합니다.

　경북 안동의 두메산골에서 가난한 집 2남 4녀 중 넷째 딸로 태어나 국민학교도 제때 졸업하지 못했던, 작고 약한 소녀의 이야기입니다. 이 작은 소녀는 친구들이 교복 입고 학교 다닐 때 과자 공장에서 12시간 넘게 일해야 했지만, 라디오 가요를 들으며 꿈을 키웠습니다. 공장 생활에 지쳐서 도망치다시피 시작한 결혼생활에서 달콤

한 미래를 꿈꿨지만, 생활도 세월도 참 녹록지 않았습니다. 그럼에도 배우고자 하는 열망은 항상 가지고 있었습니다. 50대 후반이라는 나이에 비로소 초등학교 졸업장부터 고등학교 졸업장 심지어 대학 졸업장을 손에 쥐게 되었고, 이숙희라는 이름으로 당당하게 사회복지사 자격증, 보육교사 자격증, 간호조무사 자격증, 요양보호사 자격증을 따게 되었습니다. 30대 후반부터 환갑 때까지 경남 일대 공사장 이곳저곳을 떠돌면서 설비 아지매라는 호칭을 달고 살던 제가 지금은 한의원에서 간호조무사 일을 하면서 숙희샘이라는 호칭으로 살아가고 있습니다.

 저에게 맨 처음 공부를 할 수 있게 응원을 해 준 미자 언니, 정말 고맙습니다. 나의 든든한 버팀목이 되어 주는 제 남편에게도 정말 고맙다는 말을 전하고 싶습니다. 제 남편은 국민학교도 졸업 못 한 저를 항상 존중해 주고 최고의 아내라고, 지혜로운 아내라고 추켜세워 주는 그런 분입니다. 함께 살아온 세월이 쉽지만은 않았지만 서로 의지하면서 저를 버티게 해 준 분입니다. 엄마를 세상에서 제일 똑똑하다고 그리고 예쁘다고 존중해 주는 두 아이도 고맙습니다. 무엇보다 굳세게 잘 살아온 저 자신에게 너무나도 고맙고 감사합니다. 이 가정을 지키기 위해서 남들 모르게 속을 썩여야 했던 세월 동안 잘 살아온 숙희에게 정말 장하다고 말하고 싶습니다. 그렇게 굳세었던 숙희가 꼭 말하고 싶은 것이 있습니다. 급변하는 현실에서 힘들어하는 MZ세대 젊은이들에게, 인생의 전환기를 맞으면서 방황하고 있을 40대 50대들에게, 격동하는 한국 현대사를 같이 걸어온 저와 같은 세대들에게 꼭 말하고 싶습니다.

살다 보면 살아진다고.
큰 꿈이 없어도 살다 보면 살아진다고.
혹여 가슴속에 묻어 둔 꿈이 있다면
그 꿈을 잊지 말고 지금 당장 시작하시라고.

2025년 7월
작가 이숙희

머리말

| 목차 |

머리말   2

Part 01_ 삶의 무늬

chapter 1   나랑 노올자   10
chapter 2   내가 그리는 무늬   16

Part 02_ 1524 공순이

chapter 1   두메산골 아이 모개   22
chapter 2   은혜국민학교 4학년 2반   28
chapter 3   선위의 점   33
chapter 4   꽃이 되고파   36
chapter 5   수출의 역군들   41
chapter 6   저 푸른 초원 위에   44

Part 03_ 내 이름은 엄마

chapter 1	그림 같은 집은 아니지만	50
chapter 2	엄마라서	54
chapter 3	가화만사성	60
chapter 4	멀고 먼 한 식구 되기	65
chapter 5	서로에게 스며들다	73
chapter 6	1에서 4로	78
chapter 7	머리카락이 날리네	85
chapter 8	벚꽃이 필 때	91
chapter 9	진짜 우리 집	94

Part 04_ 공사장 설비 아지매

chapter 1	거지 근성	100
chapter 2	가꾸는 여자	106
chapter 3	땀, 눈물, 콧물	109
chapter 4	직각?	115
chapter 5	한 달뿐인 다짐	118
chapter 6	내가 없는 세상	122

Part 05_ 안녕하세요, 숙희샘!

chapter 1	배움의 첫걸음	128
chapter 2	나만의 독서실	132
chapter 3	장벽을 넘다	135
chapter 4	꿈의 학교	140
chapter 5	좌충우돌 신입생	145
chapter 6	산타 선생님	149
chapter 7	내 나이가 어때서	152
chapter 8	가조도 나이팅게일	156
chapter 9	우리 숙희샘	158
chapter 10	촌년이 출세했네	162
chapter 11	내가 그리는 선	170

꼬리말	176
최우수상 수상작 <굳세어라 숙희야 (feat.열공)>	186
추천사	202

Part 01

삶의 무늬

나랑
노올자

Chapter 1

"숙희야!"

"왜애애애?"

"나랑 노올자."

하루 일과를 마치고 퇴근하는 남편이 현관문에 들어서자마자 나를 부른다. 열린 문틈 사이로 여름날 매미 소리가 "매앰" 하고 같이 뛰어 들어온다. 나는 대답 대신 명태전 부치는 고소한 냄새로 남편을 반긴다. 스물네 살 되던 해부터 40년 넘게 함께하는 우리 부부가 사는 모습이다.

우리 집은 놀이터 앞이라서 아이들이 깔깔대며 그네 타는 소리, 이웃들 오가는 소리, 단지 앞 화단의 꽃망울 터지는 소리까지 각양각색의 사람 사는 소리가 그득하다. 딸, 아들 독립시키면서 42평 넓은 아파트를 정리하고 옆 동의 시세가 조금 저렴한 1층, 32평 집으로 이사 왔는데, 요즘은 사는 게 사는 것 같다는 생각이 든다. 오래된 구축 아파트지만 대출금도 다 갚았고, 얼마 전부터는 은행 카드 돌려막을 걱정도 안 하고 살고 있으니 대궐 같은 집 부자 사모님도 크게 부럽지 않다.

2017년 봄에는 난생처음 해외여행이란 것도 가 보았다. 딸 부부가 가려고 홈쇼핑에서 예매해 둔 티켓이 있었는데 딸이 임신하는 바람에 못 가게 되었다. 딸 부부가 몇 년간 난임으로 맘고생 했었는데, 먼 여행길에 혹시나 몸에 무리가 올까 봐 조심스러워했다. 엄마가 해외여행을 안 가 보았으니 이참에 한번 다녀오라고 딸이 등을 떠밀었다. 남편은 오래전 삼성 항공사에 다닐 적에 출장으로 미국을 두어 번 다녀온 적 있으나, 난 태어나서 외국은 처음이었다. 그것도 가까운 동남아도 아니고 호주 시드니, 멜버른이라는 먼 곳이라는데, 무식하면 용감하다더니 그 말이 맞는 것 같다. 창원 촌놈이 가이드도 없이 시드니까지 도착해야 하는 여행을 겁 없이 가겠다고 했다.

못 이기는 척 간다고 해 놓고 보니, 옷도 변변치 않은 것 같고 선글라스도 좀 멋진 게 있었으면 싶고, 준비할 게 한두 가지가 아니었다. 우리 부부는 아웃도어 등산복 코너에 가서 한 백만 원어치를 쇼핑했다. 출발 전날 밤은 설레어 잠까지 설쳤다. 아침 일찍 아들이 창원역까지 태워다 주면서 아무리 생각해도 누나가 무리한 것 같다고, 아빠, 엄마 두 분이서 생전 처음 가는 외국 여행을 너무 멀리 보낸다며 걱정했다.

 창원에서 인천국제공항으로 가는 열차가 하루에 한 번 있었는데, 공항에 도착해 보니 학교 운동장처럼 그렇게 규모가 클 수가 없었다. 호주는 우리나라와 날씨가 다르다고 해서 캐리어 두 개에 두툼한 겉옷을 가득 채워 둘이 하나씩 끌고 여행사를 찾아보았다. 그 넓은 공항을 4개의 눈동자가 두리번거리며 아무리 길을 찾아도 어디로 가야 할지 막막했다. 겨우 저 끝 한 모퉁이에 있는 여행사 팻말을 발견해서 모든 절차를 밟고 한숨 돌리고 나니 그제야 평소에 신통찮던 무릎이 쿡쿡 쑤셔 왔다. 양 무릎이 아프다고 아우성치는 소리도 못 듣고 무거운 캐리어를 끌고 다닌 그때를 생각하니 참 무지막지했던 것 같다.

 문제는 비행기 안에서 터졌다. 우리가 탄 비행기는 직항이 아니고, 홍콩에서 다시 시드니 가는 비행기로 갈아타야 하는 외국 저가 항공이었다. 내부는 기차와 비슷한데 예쁜 아가씨들이 상냥하게 말을 건네고, 기내식이라면서 쟁반에 밥을 받쳐 내오니 신기하기만 했다. 비싼 비행기 푯값에 밥값도 포함됐으려니 싶어 남김없이 먹고 화장실을 내가 먼저 다녀왔다. 제자리에 앉기도 전에 남편이 여기 어디 담배 피우는 데 없더냐고 물었다. 원래부터 술, 담배를 좋아하는데 남편도 이제야 슬슬 긴장이 풀리는 모양이었다. 나는 화장실이 괜찮은 것 같다고 말했다. 공항은 흡연 구역이 따로 지정되어 있던데, 기내 화장실에 담배 ×라는 표시가 없으니, 흡연이 되나 보다 생각한 것이다. 요즘은 버스 정류장에서도 금연이 당연한 일인데, 순간적으로 내가 착각했다. 남편은 내 말이 떨어지기가 무섭게 가더니 신나게 담배를 한 대 피우고 돌아왔다.

잠시 후, 한 승무원이 다가와서 혹시 화장실에서 흡연하셨냐고 물었다. 마침, 인천-홍콩 구간에는 한국인 승무원 두 명이 탑승해 있었는데, 남편이 거리낌 없이 "네, 피웠습니다." 하자 승무원이 지금 비상사태라고 큰일 났다고 했다. 승무원들이 앉는 보조석 위치가 화장실이 보이는 곳이었는데, 살짝 벌어진 틈새로 연기가 폴폴 나오니 모든 승무원이 기겁해 달려가서 담배 연기를 화장실 밖으로 몰아내고, 난리도 그런 난리가 없었다는 것이다. 그러고는 이게 무슨 일인가 하고 눈이 동그래진 우리에게 목적지가 어디냐고 물었다. 갑자기 목이 콱 잠기면서 홍콩에서 다시 시드니로 간다고 더듬거렸더니 승무원이 "두 분은 홍콩에서 다음 행선지로 못 가십니다. 안전국에 연기 나는 화면이 캡처되어 경찰서로 가서 조사를 받아야 합니다." 하며 남편의 여권과 비행기 표를 압수하는 것이었다.

난 승무원한테 전후 사정을 말했다. 모두 내가 착각해서 벌어진 어처구니없는 실수라고 했다. 둘이서 손이 발이 되도록 싹싹 빌면서 한 번만 봐 달라고, 해외여행이 처음이다 보니 모르고 한 일이었다고 눈물까지 글썽거렸다. 승무원은 두 분을 보니 너무 안타깝지만 자기도 어쩔 수 없다며 갔다.
'아이고, 이를 어쩌나. 여행이고 뭐고, 경찰서 가서 조사받고, 전국적으로 뉴스 나오고, 벌금도 5백만 원은 족히 내야겠네.'
 절망하며 내 기준으로 최대한 크게 잡은 것이 벌금 5백만 원이었는데, 나중에 사위한테 들어 보니, 이런 사안은 안전에 관련된 중대한 위반이라서 아무리 못해도 최하 천만 원은 물어내게 되는 큰일이라고 했다. 지금 생각해도 간이 떨리는 일이다.
 조금 뒤에 승무원이 다시 오더니 우리에게 비행기가 도착하면 내리지 말고 자리에서 가만히 기다리고 있으라고 했다. 탑승 수속 하면서 우리와 같은 여행사를 끼고 같은 코스로 가는 일행을 겨우 만났는데, 저 사람들을 따라가야 도착지까지 쉽게 갈 수 있겠는데 어쩌나 하고 발만 동동 굴렀다. 곧 홍콩에 도착하여 다른 승객들은 모두 내리고 비행기 안에 남편과 나, 둘만 덩그러니 남았다. 완전 시골 촌뜨기 모양새로, 1분이 1년처럼 길게 느껴지는 시간을 자포자기의 상태로 기다리고 있는데, 웬일로 아까 그 승무원이 웃는 얼굴로 다가왔다. 남편의 여권과 비행기표를 돌려주면서 다음 비행기 놓치지 않게 얼른 서둘러서 가시라고, 여태까지 이렇게 그냥 보내준 적이 없었는데 당신들은 정말로 천운이라면서 우리 손을 잡는 것이었다. 우리는 코가 바닥에 닿도록 고맙다고 인사하고, 누가 붙잡을세라 뒤도 안 돌아보고 부리나케 빠져나왔다. 무릎이 아프고, 긴장이 풀리면서 걷기가 더 힘들어졌지만, 이 비행기에서 내릴 수만 있다면 기어서라도 얼른 나가야 할 것 같았다.

 시골 아지매의 생애 첫 해외여행은 마지막 날까지 좌충우돌이었다. 영어 단어 조금 읽을 줄 알게 되었다고 호기롭게 도전한 것인데, 무리였던 모양이다. 그래도 사고를 한 번 치고 난 후 자신감은 좀 생겼다. 다른 기회가 주어진다면 이보다는 더 잘할 수 있을 것 같았다. 그러고 보면 여태껏 이런 마음으로 살았던 것 같다. 어려서 생각이 여물기 전에는 조바심 내고 불평불만도 많았으나, 유수와 같은 세월에 몸을 맡기고 흘러오면서 세상을 바라보는 관점이 조금씩 바뀌었다. 내게 주어진 모든 것이 좋은 경험이고 마음공부라고 여기게 되었다. 어려운 일이 닥치면 이만하길 다행이라고 생각했다. 힘든 일이 있으면 내일은 좀 더 나아질 거라고 속으로 되뇌었다. 종착지까지 가는 길에 장애물을 만나도 중간에 꺾이지만 않으면 된다, 오늘보다 한 걸음이라도 더 나아가면 된다는 마음이었다. 남보다 잘하지 못하면 어떤가. 어차피 한바탕 놀다 가는 것이 인생 아니던가.

내가 그리는 무늬

Chapter 2

그냥저냥 사는 것이
똑같은 하루하루
출근하고 퇴근하고
그리고 캔 맥주 한 잔

홍대에서 버스 타고 쌍문동까지
서른아홉 정거장
운 좋으면 앉아 가고 아니면 서서
지쳐서 집에 간다

남편이란 그 이름은
그 이름은 남자의 인생

- 나훈아 <남자의 인생> 중에서

평소에 즐겨 듣는 라디오 프로그램을 틀어 놓고 집 안 청소를 시작한다. 나와 남편 이렇게 두 식구 사는 집, 틈날 때마다 쓸고 닦는 것 같은데도 또 먼지가 나오는 것을 보면 내가 살아 있다는 것이 느껴진다. 살아 있으니 먹기도 하고, 사부작거리고 움직이면서 청소할 거리를 만들어 내는 거겠지.

 노래도 따라 불러 본다. 불과 몇 년 전까지만 해도 가사와 똑같았던 내 모습이 떠올라 마음 한편이 아려왔다. 한창 일 다니던 때에는 먼지는 둘째치고 돌가루가 코로 들어가는지 입으로 들어가는지도 모르고 바쁘게 살았었는데…. 추위에 언 몸을 버스에 싣고 꾸벅꾸벅 졸다가, 내려야 하는 정류장을 놓치기도 했었는데…. 노래 속 가장의 모습처럼 하루하루를 용케도 버티며 견뎌 냈었다.

 나도 지울 수 있는 지우개가 있다면, 내 인생의 노트에서 싹싹 지우고 싶은 페이지가 있다. 자랄 때 부모님이 두 분 다 생존해 계셨다는 게 참 고마운 일인데, 어릴 때는 내가 고아였으면 좋겠다는 생각을 수시로 했었다. 이왕이면 유복한 집 고명딸이 되길 바랄 것이지, 왜 하필 하늘 아래 외톨이 고아가 되기를 원했던 걸까? 언감생심 귀하게 태어나서 쌀밥 배불리 먹고 호강하는 내 모습은 상상도 안 되었기 때문이다. 만약 내가 고아라면 누군가는 어린 나를 돌보아 주겠지, 그럼 조금이라도 형편이 낫겠지, 하는 마음에 그런 생각을 했던 것 같다. 하늘에 계신 부모님께서 철없던 계집애를 용서하시길 바랄 뿐이다.

세월의 덕을 보는가. 이순(耳順)을 넘기고 나니, 가혹하게 느껴졌던 날들이 모두 순리의 바퀴 안에 있었음을 알게 되었다. 어깨를 짓눌렀던 무거운 짐들을 내가 감당할 수 있었음에 감사할 따름이다. 여리기만 했던 생살이 시간이란 굳은살로 덮여 이제는 아픔에 무뎌진 것이 고마울 뿐이다. 짊어졌던 짐을 좀 내려놓고 내가 지나온 시절을 돌아보고 싶은 마음의 여유마저 생겼다.

최영미 시인의 『흉터와 무늬』라는 책에서처럼, 상처를 입었다고 해서 모든 상처가 흉터로 남지는 않는다고 생각한다. 어떤 이는 상처를 후벼 파서 지울 수 없는 깊은 흉터로 만들기도 하지만, 어떤 누군가는 오히려 인생 반전의 무늬로 바꿔 놓기도 한다. 상처를 흉터로 남겨 평생 가리고 살지, 독특한 나만의 장식으로 만들지는 각자의 선택에 달린 일이다. 이제 나도 용기 내 보고 싶다. 부끄러워 감추려고 했던 나를 자유롭게 풀어 주고, 모든 것을 밝게 비추는 거울 앞에 선 것처럼 숨지 않으려 한다. 드러난 상처가 꾸덕꾸덕 말라 예쁜 무늬로 변화되는 것을 보고 싶기 때문이다.

성실한 삶이었다고 자부하지만, 막상 꺼내 놓으려고 하니 남들 앞에 자랑할 만한 것은 그다지 없는 것 같다. 나라를 위해서 한 일도 없고, 남을 위해 봉사하는 숭고한 삶을 살지도 않았다. 오로지 내 남편, 내 자식 건강하고 잘되게 해 달라고 기도하면서 먹고살기 위해 달려왔을 뿐이다. 하지만 오랜 세월 동안 쉼 없이 달려왔으니,

그것만으로도 잘한 일이라고 나를 다독여 주고 싶다. 인생이란 긴 레이스에서 지쳐 헐떡이고 있는 이가 있다면, 나 같은 사람도 했으니 당신도 포기하지 말라는 말을 해 주고 싶다.

Part 02

1524 공순이

두메산골
아이 모개

Chapter 1

　내 고향은 안동. 태백과 소백이 분기되는 가운데에, 크고 작은 산들이 오밀조밀하게 둘러싸고 있는 작은 마을에서 2남 4녀 중 다섯째로 태어났다. 안동은 재가 많고 지천도 많아 한번 들어온 것들은 잘 나가지도, 변하지도 않고 오목이 자리 잡고 있는 곳이다. 아버지는 도산면 산골 출신이신데 깡촌에서 먹고살 게 없어 강원도까지 목수 일 하러 갔다가 어머니를 만나셨다고 한다. 삼척 바닷가 마을, 좀 사는 집 맏딸이었던 어머니는, 마을에서 다 큰 여식이 있는 집이라면 딸을 정신대에 보내지 않기 위해 묻지도 따지지도 않고 서둘러 시집을 보냈던 흉흉한 시절을 지나왔다. 생면부지의 남자를 따라 타향살이에 나섰던 어머니에 대한 나의 기억은 무척 생활력이 강한 분이셨고, 억셌다는 느낌이다. 누구한테 지고는 못 사는 성격이었고, 여자라고 가르치지 않아서 글은 전혀 모르는 분이셨지만 말로는 당할 사람이 없었다. 어릴 때는 우리 엄마가 다른 동무들 엄마처럼 순하게, 말도 좀 나긋나긋하게 하면 얼마나 좋을까 하는 바람도 가져 봤었다. 생활이 풍족하면 너그러운 마음도 생겼을 텐데 삶이 워낙 팍팍했을 터이니 어머니의 탓이라고만은 할 수 없을 것 같다.

나는 모개(모과)라고 불렸다. 연달아 딸을 낳으신 어머니가 내 밑으로 아들을 바라는 마음으로 그렇게 이름 지었다고 한다. 모과는 울퉁불퉁 못생겼지만, 향이 좋고 과육이 단단해서인지 권력과 부유함을 상징한다고 들었다. 태몽으로 주렁주렁 열린 모과를 따는 꿈을 꾸면 재물복 많은 아들을 얻게 된다고 했다. 대여섯 살 때였던 것으로 기억하는데, 어린 마음에 '모개'라는 소리가 그렇게 듣기 싫을 수가 없었다. 아들 바라는 농사꾼 집에 쓸모 적은 딸로 괜히 태어난 것 같고, 날 낳고 어머니가 미역국이라도 드셨을까 싶었다. 어떻게 알게 된 이름인지는 몰라도, 나는 식구들에게 내 이름을 '화옥'이라고 부르라고 했단다. 다섯 살 꼬맹이가 자기 이름을 지어, 그렇게 불러 달라고 했던 맹랑한 요구는 받아들여졌다.

국민학교에 입학하자 1학년 담임 선생님께서 "너는 이숙희라고 해라."라고 하시며 오얏 리(李), 맑을 숙(淑), 계집 희(姬)로 한자 이름을 지어 주셨다. 그렇게 나는 숙희가 되었다. 입에 붙어서 그런지 집안 언니들은 지금까지도 나를 화옥이라고 부르기는 한다. 사실 지금은 화옥이라는 이름으로 불리는 것을 좋아하지 않는다. 배고프고 힘들게 살던 시절이 떠오르기 때문이다.

 우리 식구는 은혜국민학교 맞은편에 있는 종갓집에서 살았다. 큰아버지가 양자로 가시는 바람에 우리 아버지가 맏이가 되어 할머니를 모셨다. 학교와 좀 먼 거리로 이사 간 뒤에는 이 짧은 다리로 많이도 걸어 다녔다.
 그래도 허리춤에 책 보따리 묶고 학교 가는 길은 늘 신이 났다. 개울 옆에 난 신작로를 따라 거의 십 리는 걸어 다녔던 것 같은데 먼 줄도 몰랐다. 육성회비를 못 내서 담임 선생님께 혼나기도 수차례, 선생님 얼굴 보는 것은 좀 두려웠지만 그래도 친구들과 놀다 보면 배고픔을 잊을 수 있었다. 우리들의 주된 놀이는 고무줄놀이였는데, 성한 데 없이 동강이가 난 짤막짤막한 고무줄을 길게 이어 놀았다. 고무줄 주인인 아이가 제 것이라고 생색내며 가져가 버리면 그나마 있었던 고무줄 동강이도 아쉬웠다. 겨울방학에는 언니랑 동네 아이들이랑 같이 산에 나뭇가지를 주우러 다녔다. 솔잎이 말라 떨어지면 갈퀴로 긁어모아 꼭꼭 다진 뒤 칡뿌리 끈으로 묶어서 마당까지 날랐다. 솔잎 묶음을 누가 누가 많이 쌓았나 친구들과 시합도 했다. 어쩌다가 아버지가 장에 다녀오시는 길에 껌이라도 사 오시면 너무 좋았다. 단물은 금세 빠졌지만 버리기 아까워 벽에 붙여 놓았다. 언니들이랑 각자 자기 것에 표시해 놓았다가 씹고 붙여 놓고,

떼어 또 씹고 하였다.

 위로 언니가 셋, 딸로는 막내인 나는 손이 그리 야물지 못했다. 뭘 해도 어설퍼 보였는지 언니들한테 혼나기 일쑤였다. 설거지를 해도 집에서 맏딸인 내 친구와 비교하면서 너는 설거지도 제대로 못 하냐며 핀잔을 하였다. 그래도 맛난 것이 생기면 내 거라고 꼭 챙겨다 주는 언니들이었다. 사실, 두메산골 농삿집에서 먹을 것이라고는 감자, 옥수수, 푸성귀 같은 것들뿐이었다. 겨울 반찬으로는 무짠지가 다였고, 꽁보리밥에 된장, 어쩌다 왜간장이라도 생기면 그것으로 밥을 비벼 먹었다. 밀가루 수제비로 끼니 때우다가 운이 좋은 날에는 할머니나 아버지께서 남긴 밥을 얻어먹을 수 있었다. 어른 진지에는 쌀이 조금 섞여 있어서 얼마나 꿀맛이었는지 모른다. 요즘은 건강상의 이유로 다들 잡곡밥을 선호하는데, 나는 어릴 때 질려서 지금도 쌀로만 밥을 해 먹는다.

 내 생일은 음력으로 8월 25일. 추석 지내고 딱 열흘 뒤가 내 생일이다. 일곱 살 무렵이었는데, 어머니가 막내딸 생일이라고 없는 살림에도 뭔가를 해 주고 싶으셨던 모양이다. 추석 때 갈치 조림을 해서 먹고는, 열흘 뒤에 있을 내 생일에 쓴다고 갈치 두 토막을 접시에 담아 두셨다. 그 아까운 것을 맛이 변해서 못 먹었다. 그 시절에 내가 살던 시골에는 냉장고가 없었다. 냉장고가 없으니 열흘 사이에 음식이 상하는 것은 당연한 일일 텐데, 귀한 것을 아껴두었다가 딸내미 챙겨 먹이고 싶은 어머니의 마음이 앞섰던 것 같다. 먹지는 못했지만, 자식 입에 맞난 것 넣어 주고 싶어 하시던 어머니의 모습이 지금도 잊히지 않는다.

 외갓집이 너무 멀어 가 본 적이 없는데, 멀리 시집보낸 맏딸이 눈에 밟혔을 외할머니께서 막내 이모를 데리고 몇 날 며칠 걸려 바닷가 음식을 이고 지고 오셨더랬다. 자동차라고는 구경도 못 하던 때였는데 그 연세에 어떻게 우리 집까지 찾아오셨는지 모르겠다. 아무리 힘들어도 자식을 보기 위해서라면 태산이라도 넘을 힘이 생기셨던 것 같다. 외할머니께서 다녀가시면 '이까젓'이라는 오징어 눈으로 담근 젓갈을 몇 달씩 먹을 수 있었다.

 내가 국민학교 1학년 다니던 해 일이다. 어머니가 언니 둘을 데리고 아래채에 있는 방앗간에 갔다. 나보고는 남동생 돌보면서 집에 있으라 했는데 얼마나 따라가고 싶던지, 결국 잠깐 통시(화장실) 다녀오겠다고 거짓말을 하고 뒤를 쫓아갔다. 언니들이 박자를 맞추어서 디딜방아 두 다리를 디딜 때, 언니가 일하는 옆에서 같이 디뎌보겠다고 흉내 내다가 그만 발을 헛디뎠다. 내 발이 들어간 것도 모르고 언니들이 방아를 찧는 바람에 다리를 다쳤다. 운동회 전날이었는데, 학교까지 업혀 가 운동회를 구경하고 왔다. 병원이 있던 장터까지는 몇십 리를 가야 했을뿐더러, 병원이 가까이 있다 해도 치료할 돈이 없었지 싶다. 어머니가 치자 물을 내어 생콩가루를 치대서 수제비처럼 반죽을 만든 다음에 다리에 붙이고 천으로 싸매 주시곤 했는데 별 차도가 없어서 몇 개월 동안 걷지도 못하고 그냥 집에만 있었다.

  때마침 외할머니가 다니러 오셨는데 "간나를 저래 나뚜면 우야노." 하시며 혀를 끌끌 찼다. 우리 외할머니는 말하자면 침쟁이셨다. 늘 작은 대나무 통을 들고 다니셨는데, 거기에 침이 들어 있었다. 길고 뾰족한 게 바늘같이 생긴 침이 보기만 해도 무서웠지만, 다리를 못 쓰게 될지도 모른다는 두려움이 더 커서 꾹 참고 침을 맞았다. 침을 맞고도 한동안은 벽을 짚고 절뚝거리며 걸어 다니다가 어느새 나아서 다시 학교에 다닐 수 있게 되었다. 그때 외할머니가 오시지 않았다면 어떻게 되었을까? 키가 작은 나는 내 짧은 다리가 늘 불만인데, 지금 생각해 보면 그나마도 못 쓰게 될 뻔한 아찔한 순간이었다. 짧지만 자유롭게 움직일 수 있는 다리가 있음에 감사해야지.

은혜국민학교
4학년 2반

Chapter 2

 학교에서 운동회가 열리는 날은 온 마을이 잔칫집 분위기였다. 온순하고 자상했던 아버지가 운동회 때마다 막내딸의 도시락을 직접 챙겨다 주셨다. 그런데 어느 해인가, 학교 오는 길 중간에 있는 막걸릿집 앞에서 동네 분을 만나 두 분이 약주를 거나하게 드시고는 내 도시락을 잃어버리고 오셨다. 그 바람에 나는 엉엉 울면서 사촌 언니 도시락을 얻어먹은 기억이 있다. 한 달 후쯤, 막걸릿집을 지나갈 때 아주머니가 나를 불러 세우더니 "야야, 느그 아부지 뺀또 찾았다. 갖고 가래이." 하셨다. 뚜껑을 열어보니 곰팡이가 하얗게 피어 있었다.

 4학년 2학기 때 다시 이사했다. 촌구석에는 일거리가 없어서 그나마 일감이 많을 것 같은 안동 시내로 집을 옮긴 것이다. 부모님 두 분 다 연세가 많은 편이라 너무 힘든 일은 못 하셨다. 많은 식구 먹이고 입히느라 모아 놓은 것도 없으니 남의 논밭 부치는 것으로는 궁색한 살림이 나아질 날이 없었다. 그래도 오빠가 똑똑해서 우리 집안의 가세를 펼쳐 줄 유일한 희망이 되었다. 그런데 아버지께서는 오빠를 학교에 보내는 대신 서당을 선택하셨다.

 아버지는 글을 모르는 분이셨다. 아버지는 소작농의 자식으로 태어나서 아침부터 저녁까지 땔감 해 오고, 풀 베고, 소 먹이고, 하루 종일 궁둥이 붙일 틈 없이 일해야 했던 시절을 사신 분이셨다. 당신 키보다 더 높은 지게를 지고 마을로 들어섰을 때 서당 담 너머로 들리는 낭랑한 『천자문』 독송 소리.

"하늘 천, 따 지, 검을 현, 누를 황!"

 그 소리를 몇 번이고 속으로 따라 하셨을 우리 아버지. 그때의 한풀이였던 것인지, 신문물에 대한 막연한 경계심이 있었던 것인지는 알 수 없다. 어쨌든 아버지는 똑똑한 아들을 서당에 보내 놓았으니, 어려운 한문을 줄줄 읽고, 서울에 가서 크게 출세할 수 있으리라 믿으셨던 것 같다. 지금 생각해 보면 역주행을 해도 한참을 거꾸로 간 선택이 되었지만 말이다. 결과적으로 오빠는 자기가 있어야 할 자리를 잃어버리고 말았다. 또래와도 멀어지고 시대에도 뒤떨어져 본인의 재능을 제대로 발휘 못 하고, 세상의 아웃사이더가 되었다. 어느 한곳에 마음 붙이지 못하고 객지를 떠돌며 방랑 생활을 하던 오빠는 일 년에 한두 번 정도 집에 들렀다. 어쩌다 한번 보는 오빠가 나는 좀 무섭기도 하고 부끄럽기도 했다. 오빠가 집에 온 어느 날, 장맛비가 퍼부어 개천물이 불어나자 나를 업어 돌다리를 건네준 적이 있었다. 하늘 같은 오빠가 나를 등에 업고 말했다.
"화옥아, 니 국민학교 졸업하믄 중학교에 보내 줄게."
"그게 먼데요?"
"국민학교 나오믄 가는 데가 있다. 그런 데가 또 있다."
 사실 두메산골 밖으로 나가 본 적이 없던 나는 중학교라는 데가 있는지도 몰랐다. 내가 사는 세상에서 학교란 은혜국민학교 하나뿐이었고, 그 울타리 너머에 더 큰 세상이 있다는 것은 어린 내가 상상할 수 없는 그림이었다. 내 머릿속을 벗어난 이야기였지만 나는 가슴이 콩닥거렸고, 오빠의 믿음직한 한마디가 그렇게 고마울 수가 없었다. 그 기억 때문에 결혼도 안 하고 먼저 가신 오빠의 기일이 되면 나는 새 밥 지어 국 한 그릇뿐인 조촐한 상이나마 빠트리지 않고 올려 드리고 있다.

 벌이가 시원찮은 집에서 과년한 딸내미가 있는 것도 부모님께는 시름이 깊어지는 일이었던 것 같다. 큰언니는 내가 학교에 입학하던 해에 결혼시켰고, 남은 언니 둘은 입도 덜 겸 어차피 시집갈 때 변변한 혼수를 장만해 주지 못할 터이니 어린 나이 덕이나 보게 하자며 혼사를 서두르셨다. 언니들은 국민학교 졸업 후 몇 해 집에 있다가 일찍 시집갔다. 내가 부모가 되어 보니 아무리 좋은 상대에게라도 품에 품고 있던 자식을 출가시키는 것은 가슴 시리는 일이던데, 제대로 가르치고 먹이지 못해 딸을 시집보내야 하는 부모님의 심정이 어땠을까 싶다.

 결혼식은 간소하기 그지없었다. 마당에 멍석 펴 놓고 구식 족두리에 연지곤지 찍고 맞절하는 게 다였다. 어린 내 눈에는 우리 언니들이 아깝고 보내기 싫어, 아무리 키 크고 잘생긴 형부감일지라도 맘에 들지 않았었다. 나중에 형부가 막내 처제 쓰라며 그 당시 3천 원이라는 큰돈을 용돈으로 주셨을 때, 그제야 마음이 좀 풀어지긴 했다.

 추운 날 한 이불 속에서 서로 체온을 나누던 내 형제들이 하나, 둘 집을 떠나고 보니 식구 많던 집이 썰렁해졌다. 안동 시내로 이사 나오면서 단절되었던 나의 학교생활은 언제 다시 이어지게 될지 짐작할 수 없었다. 전학시켜 준다던 아버지의 약속은 무거운 일상 앞에서 차일피일 미뤄졌다. 일감이 매일 있는 것도 아니었고, 특히나 겨울에는 다 같이 손가락을 빨아야 하는 뻔한 집안 사정이 내 눈에도 보였으니, 새 학교로 빨리 전학시켜 달라고 무작정 떼를 쓸 수는 없는 노릇이었다.

 학교에 다니지 않는 동안에는 시골 큰집에 잠깐 가 있었다. 우리 집보다는 넉넉한 살림이라, 밥도 먹이면서 잔심부름도 좀 시킬 겸 나를 데리고 가셨던 듯하다. 나보다 한 살 많은 사촌 언니가 학교에 가고 나면, 나는 조그만 보따리를 머리에 이고 큰엄마를 따라다녔다. 따라가서 닥나무로 종이 만드는 것을 본 기억이 있다. 집에 돌아오는 길에 소낙비가 엄청 내려 옷이 홀딱 젖었다. 비를 맞으니 괜스레 눈물이 났다. 큰엄마께서 나를 다시 안동 집에 데려다주던 날, 시장에 들러 바지를 사 주셨다. 새 옷은 처음 입어 보았던 것 같다. 한 달 만에 집에 갈 수 있어 좋았고, 친구들에게 새 옷 자랑을 할 수 있어 좋았다.

선 위의 점

Chapter 3

언니, 오빠가 타지로 나가자, 내가 집안의 맏이 역할을 해야만 했다. 은혜국민학교 5학년이 될 뻔했던 이숙희는 그렇게 소녀 가장이 되었다. 우리 집 사정을 잘 아는 동네 이웃분이 부모님께 과자 공장 사장님을 소개해 줬는데, 그분 성이 우리와 같은 진성 이(李)씨라고 나를 바로 채용해 주셨다.

학교 대신 공장으로 가는 첫날은 평소보다 일찍 눈이 떠졌다. 찬물에 후루룩 세수하고 머리를 양 갈래로 쫑쫑 땋았다. 옷도 가진 것 중에서 제일 깔끔한 것으로 골라 입었다. 저 밑에서 울렁거리며 밀고 올라오는 멀미 같은 감정은 꿀꺽하고 침을 삼켜 목구멍 아래에 눌러 놓았다. 가서 실수하지 말아야지, 얼뜨게 보이지 말아야지 하는 다짐을 두 번 더 했다.

공장에 가 보니 내 또래의 여자아이가 다섯 명, 나보다 두세 살 많아 보이는 남자가 서너 명 있었다. 남자들이 밀가루를 반죽해서 과자 모양으로 만들어 굽거나 튀겨 주면, 여자아이들이 과자를 비닐봉지에 넣고 촛불에 비닐을 지져서 끝부분을 봉하는 작업을 하고 있었다. 몇 년이 흐른 후에는 기계가 나와서 촛불 대신에 지짐 기계로 포장을 마무리하게 되었다. 당시에 인기가 많았던 과자는 지금도 볼 수 있는데 반지처럼 끼울 수 있는 손가락 과자와 쌀을 튀겨서 만드는 '오꼬시'였다. 밀가루 반죽 기계와 기름 솥, 과자를 건조시키는 건조장이 있었고, 그 건조장 옆에 딸린 방에서 여자아이들이 포장하는 일을 했다. 난방은 연탄을 때서 했는데 아랫목만 따뜻하고 나머지는 거의 냉방이나 다름없었다.

 기술 없는 내가 할 수 있는 일이라고는 비닐봉지에 포장하는 일과 완제품을 상자에 담아 놓는 일뿐이었다. 단순노동일지라도 낮에 종일 일하고, 집에 가서 얼른 저녁 먹고 다시 출근해서 밤 9시 넘어까지, 하루에 12시간씩 일하려니 힘이 들었다. 일을 마치면 깜깜한 밤중에 집으로 돌아가는 길이 무서웠다. 어렸던 나는 사람 무서운 줄은 모르고 여전히 귀신이 무서워 큰 소리로 노래 부르며 집에 갔다. 그래도 내가 과자 공장에 다니면서 받아오는 1,500원이라는 월급이 우리 집 살림에 엄청난 고정 수입원이 된다는 것을 알기에 힘든 것을 참을 수 있었다. 일하면서 중간중간 과자를 먹어도 되었고, 사장님 몰래 한 봉지를 가져다가 동생에게 줄 수 있었다.

친구들이 교복 입고, 학교 가는 시간에는 혹시 아는 얼굴이라도 마주칠까 봐 나는 먼 길을 돌아서 출근했다. 공장 다니는 것이 부끄럽기도 했지만, 학교 가는 일이 당연해 보이는 친구들을 보면 속이 들끓어서였다. 누울 자리를 보고 다리를 뻗으라던데 내게는 다리를 뻗는 사치가 허용되지 않았다. 공장이 너무 추워서 늘 언 채로 있으니까, 키도 제대로 안 크는 것 같았다. 원래부터 몸이 허약하고 부실한 데다 추위에 옹색하게 구부리고 있으니, 키가 크기는커녕 늘 감기를 달고 살았다. 때마침 건빵처럼 딱딱한 과자 대신 입에서 살살 녹는 부드러운 질감의 과자가 새로 개발되면서 선풍적인 인기를 끌던 때라 일거리는 많았고, 나 대신 내 자리에서 일하고 싶어 하는 사람도 많았다. 그러니 아무리 아파도 아픈 티를 낼 수는 없는 노릇이기에 결근 한 번 한 적 없었다.

 어린 나이에 내 의지와 상관없이 거친 세상살이에 던져졌을 때, 아는 것이 없으니 일을 시키면 시키는 대로, 하라는 것만 하고 살았다. 눈을 치켜뜰 줄도 몰랐고, 이건 이렇고 저건 저렇지 않냐고 따질 줄도 몰랐다. 그저 일해서 집에 월급을 가져다줄 수 있음에 감사하기만 했다. 노동 착취, 아동 인권이라는 어려운 말도 몰랐지만, 알았다 한들 내가 무엇을 할 수 있었겠는가? 나는 점이었고, 그저 무수히 많은 점 중 하나일 뿐이었다. 점들이 모여 선을 이룰 때 그 선이 어디를 가리키고 있는지, 어느 곳을 향해 가고 있는지는 중요하지 않았다. 다만, 그 선에서 이탈되지 않기만을 바랄 뿐이었다.

꽃이 되고파

Chapter 4

과자 공장에서만 7년을 일했다. 사촌 형부가 안동에 있는, 누에고치에서 실 뽑는 공장에 다녔었는데, 어느 날은 아버지께서 나를 부르시더니 그곳에 가 보라고 하셨다.

"야야, 니 실 공장에 함 가 봐라."

"왜요?"

"니 형부가 그기 취직시켜 준댄다."

사촌 언니와 함께 공장에 도착해 보니 이미 많은 사람이 취업하기 위해 와 있었다. 회사 사람이 나와서 한 명, 한 명 호명하는데 한참 동안 기다려도 내 이름을 부르지 않았다. 꿔다 놓은 보릿자루처럼 앉아 있다가 뒤늦게 직원에게 확인해 보니, 나의 이름은 아예 명단에 올라와 있지도 않았다. 아버지가 형부의 말을 잘못 이해하시고,

나를 그곳에 보내신 거였다. 함께 간 사촌 언니는 취업이 되었다. 나만 혼자서 애초에 없는 순서를 하염없이 기다렸던 게 창피하고 자존심 상했다. 사람들이 호명 받고 떠난 빈자리에서, 내가 불리지 않은 이유를 듣고 돌아서는데 벌게진 뺨의 열기가 번져 뒤통수까지 후끈거렸다.

또, 한번은 대구 변두리에 있는 제법 규모가 큰 섬유회사에 간 적이 있었다. 그 회사는 직원을 공부시켜 주는 조건으로 지역 동사무소와 연계하여 여공들을 모집하고 있었다. 부모님 연세가 많으시고, 우리 집이 영세민 가정이었기 때문에 내가 우선적으로 뽑혀 가게 되었다. 내 또래의 여자아이들이 대기하고 있었는데 우리를 인솔해 가는 분이 "이숙희가 누구냐?"고 물었다. 내가 손을 드니 고개를 끄덕이고 무엇가를 적었다. 섬유회사에 도착하니 또 이숙희를 찾았다. 연거푸 이름을 적어 가는 영문을 몰랐지만, 내가 기초 생활 수급자로서 소녀 가장 노릇을 한다는 꼬리표가 붙은 건가 하는 생각에 영 기분이 좋지 않았다. 게다가 며칠 있어 보니 공부 이야기는 오간 데 없고 아침부터 밤까지 일만 해야 했다. 아무래도 이건 아닌 것 같았다. 지금 와서 생각해 보면 내가 회사에 간 때가 겨울이었으니 봄에 새 학기가 시작될 즈음 학교 소리가 나왔을 수도 있겠다 싶다. 그곳에서 계속 일했다면 내 인생이 어떤 방향으로 흘러갔을지 모르겠다. 하지만 나는 국민학교도 미처 졸업 못 하고 갔으니, 동료들과 함께 야간 중학교에 갈 수도 없었을 텐데, 만약 그렇게 되었다면 더 비참했을 것 같다.

 아무런 소득 없이 집으로 돌아가던 길, 버스 창가에 비친, 국민학교도 못 나온 소녀 가장인 내 모습이 보기 싫어 쥐구멍이라도 찾아서 숨고 싶었다. 남들에게는 작은 일일 수도 있겠지만 그 당시에 나는 한창 예민한 나이였고, 어여쁜 꽃으로 만개하기도 전에 이제 막 피려는 꽃망울이 꺾인 심정이어서 슬프고 서러웠다. 내가 노력을 안 해서 그런 것도 아닌데, 잘못을 한 것도 아닌데, 매일 12시간을 일하는 공순이 외에 '그 무엇도 아닌' 내가 초라해 보이기만 했다.

 시간이 흐르니 조금씩 부끄러움도 무뎌지고, 점차 공장 생활에 익숙해져 갔다. 학생인 또래 친구들이 책에서 인생을 배워 갈 때, 나는 과자 공장에서 사춘기도 보내고, 일머리도 익히고, 어려움을 견뎌내는 법도 배웠다. 사회는 어리광을 받아 주지 않았다. 혼자 박자가 틀리거나 낙오되어서도 안 되었다. 한 사람이 뒤처지면 전체적으로 일이 늦춰지니까 속도를 맞춰 가는 게 중요했다. 처음에는 긴장해서 조금만 일해도 머리가 지끈거리더니, 점점 숙련되어 눈 감고도 할 수 있는 정도가 되었다.

 같이 일하는 동료들은 가정환경이 나와 거의 비슷한 처지였기 때문에 다행히 그 안에서 외로울 일은 없었다. 타고나길 우울한 일은 자고 나면 까먹고, 어떻게든 긍정적으로 좋게 생각하려 하는 성격 덕을 보기도 했다. 일 마치고 같이 낙동강 강변으로 물 구경도 가고, 회사 야유회가 있는 날은 힘껏 멋도 부려 보았다. 한번은 의성에 있는 고은사라는 큰 절 구경을 가기도 했다. 음식 실은 용달차 짐칸에 타고 다 같이 노래를 부르며 갔다. 사진사가 단체 사진을 찍어 주었다. 그다음 해였던가, 대구 달성공원으로 야유회 갔던 기억도 떠오른다. 태어나서 처음 기차를 타 보았다. 완행열차였다. 기차 안에서 노래 부르다가 흥이 나고 열이 오르면, 출입문을 열어 양손으로 문을 잡고 기대어 바람을 쐬며 갔던 추억이 있다. 크리스마스 때는 라디오에서 흘러나오는 징글벨 캐럴 소리만 들어도 가슴이 뛰었다. 친구끼리 서로 카드를 주고받았다. 유명한 시인의 시를 적어 미래의 애인에게 줄 예쁜 카드를 만들어 보기도 했다. 당시에는 고된 일상이었는데 지금 생각해 보니 재미나고 행복했던 기억이 많다. 친구들과 함께였기에 힘든 시간을 잘 견뎌 냈던 것 같다.

 특히 친구 금주와 나는 죽이 잘 맞았다. 둘이 라디오에서 흘러나오는 노래를 같이 따라 부르고, 새로 나오는 신곡은 노트에 가사를 적어서 외우곤 했다. 하춘화의 <물새 한 마리>, 문주란의 <동숙의 노래>, 남진의 <님과 함께>를 이렇게도 적어 보고, 저렇게도 적다 보니 노트가 몇 권씩 쌓이게 됐다. 글씨를 많이 쓰다 보니 저절로 필체가 좋아졌다. 하루는 공장 사장님이 고등학교 다니는 자기 딸에게 내가 쓴 필체를 보여 주면서 "이 필체 좀 봐라. 얼마나 잘 쓰냐. 이 아이는 학교도 안 가는데 이렇게 잘 쓴다."고 하셨다. 으쓱해졌다. 글씨체 덕분에 못 배운 표가 덜 나는 것도 같았다.

노래는 지친 우리의 기운을 돋구어 주는 비타민과도 같았다. 장미화가 발랄한 목소리로 "안녕하세요~ 또 만났군요~ 다시는 못 만날 줄 알았는데~" 하면 우리도 "안녕하세요오~♩" 하고 합창을 하였다. "저 푸른 초원 위에, 그림 같은 집을 짓고 사랑하는 우리 님과 한 백 년 살고 싶어~" 남진의 노래를 들을 때면 나는 그림 같은 집에서 사는 여주인공이 되어 잘생긴 남편과 알콩달콩 사는 상상 속에 풍당 빠졌다. 우리의 현실은 가난에 찌들었어도, 라디오의 마법에 홀려 공장에 가득한 과자 냄새처럼 달콤한 미래를 꿈꿀 수 있었다. 그렇게 볕이 잘 들지 않는 어두운 구석에서도 풀들이 자라듯이 내게 주어진 시간을 살아 내고 있었다. 잡초 같은 생명력으로.

수출의
역군들

Chapter 5

　열아홉 살 되던 해에 과자 공장을 떠나 섬유 공장으로 가게 되었다. 집안 아지매 소개로 영주에서 온 경자라는 친구와 함께 선산으로 갔다. 경자를 따라 열차를 타고 가는데 그날따라 비가 많이 내렸다. 보따리 하나 들고, 먼 곳을 향해 떠나는 열차에 몸을 싣고, 차창 밖을 그저 멍하니 바라보았다. 그날 처음 본 낯선 친구라서 그런지 서로 이야기도 나누지 않았다. 돈 벌기 위해 집을 떠나야 하는 길이 참 외롭고 슬펐다. 차창을 따라 흘러내리는 빗물이 마음속에도 주룩주룩 흘렀다.

　선산에 도착하니 긴장이 되었다. 경자 말고는 아는 이 없는 곳에서 새로 적응할 일도 염려스러웠지만, 일단 이력서 낼 일이 더 걱정이었다. 새 공장에 이력서를 내야 하는데 이력서 칸을 채울 내용이 없었기 때문이었다. 고민 끝에 중학교 졸업으로 적어 놓고는 누가 볼까 봐 몇 번을 접었다. 졸업장을 도둑질한 것처럼 가슴이 벌렁거렸다. 영세민이라는 말보다 못 배웠다는 말을 죽기보다 싫어한 나였기에, 국민학교 중퇴라는 말은 도저히 쓸 수가 없었다. 같이 일하는 친구 가운데 간혹 가정환경은 괜찮았는데 본인이 싫어 공부를 안 했노라고 하는 친구가 있었다. 자기 맘대로 공부하고 안 하고를 선택할 수 있었다니, 내게는 세상 제일 부러운 말이었다. 거짓 이력서를 앞에 두고 죽기 전에 대학교를 꼭 가 보리라고 결심했다. 갈 상황도 아니었고, 어떻게 갈 방법도 몰랐지만 꿈꾸는 자유는 내게도 있으니까.

경자의 자취방에서 한 달쯤 같이 지내다가 기숙사로 들어가게 되었다. 기숙사는 말이 방이지 위풍도 세고 보일러가 자주 고장 나서, 내 손발은 늘 얼음장 같았다. 어찌나 추웠던지 동상까지 걸렸는데 과장 사모님이 언 손등에 피를 내 주셨다. 저녁밥 먹고 매일 그 댁으로 가서 동상 치료를 했었다. 한겨울 추위를 같이 견디며 동고동락했던 친구 연옥이, 원숙이와는 지금도 연락하며 지내고 있다.

기숙사 친구 하나가 선산보다 구미 공장에 가면 돈을 더 벌 수 있다더라는 이야기를 했다. 월급 차이가 나 보았자 몇만 원씩 뭉텅 얹어 주는 것도 아니겠건만 조금이라도 더 준다는 말에 우린 구미로 갔다. 주간, 야간으로 2교대 하는 섬유 공장이었다. TV에서는 연일 1억 달러 수출을 달성했네, 전 국민 소득 1만 불 시대가 도래했네 하고 노래했지만, 그것은 나와는 별 상관 없는 이야기였다.

 때때로 코피가 나고, 머리가 어지러워도 공장은 쉼 없이 돌아갔다. 작업장 출입문 입구에 적힌 '오늘의 성실, 근면, 정직은 내일의 행복을 약속한다'라는 약속을 누가 지켜 주겠다는 건지는 모르겠으나 믿고 싶었다. 새끼손가락 꼭꼭 걸고 싶었다. 나만 성실하면 모두 행복해질 수 있을 것 같아 죽어라 성실했다. 우리는 못 배우고, 가난하고, 나이 어린 여자로 그야말로 세상의 최약자였으나 이상하게도 어디에서 그런 기운이 솟아났는지, 쇠약한 자신보다 맨날 경기가 어렵다는 회사를 더 걱정하고, 나이 많은 부모 봉양을 걱정했다.

 명절 때는 회사에서 제공하는 귀성 버스를 타고 고향에 다녀왔다. 버스 안에서 까무룩 잠이 들면서도 가족에게 줄 선물꾸러미를 꼬옥 안고 있었다. 멀리 마을 어귀만 보여도 울컥했는데, 아무렇지도 않은 양 두 손으로 눈물을 쓱 닦아 냈다. 한참 만에 뵙는 건데 아버지, 어머니가 걱정하실까 봐 손바닥으로 얼굴을 문질러 혈색이 돌게 했다.

저 푸른
초원 위에

Chapter 6

　12시간 2교대 근무는 좀 지루했다. 하루 중에 낙은 있었다. <별이 빛나는 밤에>에 나오는 사연을 듣는 것과 펜팔이었다. 펜팔은 친구의 소개로 시작했다. 기숙사 친구가 광주에서 복무 중인 군인 아저씨와 펜팔을 하면서 양쪽이 자기 친구 한 명씩을 소개해 준 것이다. 내가 부르는 호칭은 '오빠'였고, 상대편은 나를 '숙희 씨'라고 불렀다. '오빠'의 편지가 도착하면 온 기숙사가 난리였다. 친구들이 편지를 돌려보며 "숙희 씨, 숙희 씨" 하고 따라다녔다. 남의 연애편지 한 통으로도 다들 핑크빛 설렘을 느꼈다.

　우리는 1년이면 겨우 두세 번 만날 기회를 가졌다. 공군복을 입은 모습이 어찌나 늠름하고 다부져 보이던지 내 눈에 덮인 콩깍지는 떨어질 줄 몰랐다. 나보다 많이 배우고 잘난 사람이라 생각하니 따르고 싶고 더 믿음이 갔다. 오랜만에 만나다 보니 얼굴만 쳐다보기에도 시간이 모자랐다.

 연애하던 시절 경주에 간 적이 있었다. 그이가 학생 때 가정형편이 어려워 남들 다 가는 수학여행을 못 갔다고 해서 선택지 열 곳을 제쳐 두고 무조건 경주로 갔다. 첨성대 앞에서 신라 왕조에 얽힌 역사 이야기를 하는데 나는 알아듣지 못하면서도 무식하다고 할까 봐 알아듣는 척 열심히 고개를 끄덕거렸다. 멋 낸다고 하이힐을 신고 갔더니 발은 또 얼마나 아프던지…. 웃기기도 하고 창피하기도 한 옛 추억이다.

 그런데 만나는 횟수가 늘어날수록, 마음이 깊어질수록 아직 할 말을 하지 못했다는 생각에 가슴이 답답했다. 소화도 안 되고, 목이 막힌 것도 같아서 어쩔 수 없이 이제는 말해야겠다고 생각했다. 크게 심호흡하고 사실 나는 국민학교 밖에 안 나왔다고 고백했다. 차마 중퇴라는 소리까지는 못 하겠기에 말꼬리를 조금 흐렸다. 그 말을 꺼내기까지 고민했던 날들이 무색하리만큼 그의 반응은 담담했다. 오히려 민망해하는 나를 위해 괜찮다며 웃어 주었다. 가슴을 눌러 왔던 체기가 쑤욱 하고 내려갔다.

 그이는 공군 중사로 전역한 후, 창원에 가고 싶어 했다. 기능대학 합격증과 전기 기사 2급 자격증을 취득해 놓은 상태였다. 주간에는 일하고, 야간에는 창원 기능대(現, 한국폴리텍대학)에 다닐 생각이라고 했다. 그 말을 듣고, 유능하고 성실한 이 남자와 결혼하면 더는 지겨운 공장 생활을 안 해도 되겠다는 생각이 퍼뜩 들었다. 드디어 남진의 노래 가사처럼 저 푸른 초원 위에 그림 같은 집을 짓고 사랑하는 님과 함께 한 백 년 살 수 있는 기회가 온 것이다. 나도 따라가겠다고 했다.

 먼저 시어른 되실 분들을 뵙고 허락을 받아야 했다. 나의 학력이 발목을 잡으면 어떻게 하나 걱정했는데 그이는 부모님께 나를 중졸이라고 소개했다. 당시만 해도 시골에서 여자는 중학교만 졸업해도 크게 흠이 되지 않던 시절이었다. 학력은 어찌어찌 넘어갔는데, 어머님이 날 아래위로 훑어보시며 몸이 약해 보이고 작다고 탐탁지 않아 하시는 눈치였다.

"그만하면 됐다. 여자가 키 크면 하늘의 별을 따겠나, 달을 따겠나."

 아버님의 말씀 한마디로 내 키 문제도 넘어갔다. 둘을 앞혀 놓은 그 자리에서 생년월일시를 불러 보라 하시더니 사주를 짚어 보고는 "오래 살겠네. 딱 좋다." 하셨다. 그렇게 나는 권씨 집안 사람이 되었다.

 훗날 남편에게 가끔 "회사 동료들 안사람은 학원 선생도 있고, 유치원 선생인 사람도 있는데, 내가 너무 학력이 없어 당신 체면이 좀 그렇죠? 미안해요."라고 하면 남편은 늘 "당신이 더 많이 배워서 잘

나가는 사람이 되었으면 내가 어떻게 당신을 만났겠나. 앞으로는 그런 쓸데없는 소리 마라."고 했다. 그 말 한마디 때문에, 부부로 맺어져 같이한 세월 동안 아무리 속상하고 힘든 일이 있어도 이 정도는 이겨 내자는 마음으로 살았다.

Part
03

내 이름은 엄마

그림 같은 집은
아니지만

Chapter 1

 어른의 허락이 떨어지자마자 구미 섬유 공장을 나와 아무 연고도 없는 창원으로 무작정 따라 내려갔다. 남편 나이 스물여덟, 나는 스물넷이었다. 지금은 창원이 마산, 진해와 행정구역이 통합되고, 경상남도청을 필두로 중앙대로를 따라 관공서가 빼곡히 자리한 비수도권 유일의 특례시가 되었지만, 40여 년 전 처음 발을 디딘 창원은 말 그대로 허허벌판이었다. 다리 하나 건너 맞닿은 마산이 공장도 많고 더 번화한 도시였고, 창원은 시청과 시청 앞 광장만 조성이 되어 있고 주변에는 번듯한 건물도 별로 없었다.

 월세가 저렴한 방을 찾다가 시청 근처 상남동에 신혼집을 구했다. 정미소 하는 집이었는데, 그림 같은 집은 아니어도 기와집이라 좋아 보였다. 아래채에 방 하나, 부엌 하나를 세 얻었다. 남편은 신혼

초부터 월급봉투 그대로를 나에게 맡겨 주었다. 나를 믿어 주는 만큼 월급에 맞추어서 알뜰살뜰하게 살림하려고 노력했다. 공장 생활을 안 해도 되었고, 사랑하는 사람을 만나 둘이서 사는 것이 재미있었다. 술을 워낙 좋아하는 남편이라서 가끔 속상한 일도 있었지만, 공장 생활보다는 백배 천배 나았다.

 살림을 차린 지 1년 만에 첫아이를 출산했다. 태몽으로 큰 구렁이가 담장을 넘어가는 꿈을 꿔서 분명 아들인가 보다 하고 생각했다. 24시간 진통 끝에 결국 기계 분만을 하였다. 당시만 해도 제왕절개는 권하지 않고 웬만하면 자연분만하던 시절이었는데, 최대한 버텨 보려 해도 안 될 것 같았다. 기계 분만 후 비몽사몽 정신이 없는 상태에서 아이의 울음소리를 듣자마자 물었다.
"우리 아기 손가락 발가락 열 개씩 다 있어요?"
"아무렴요, 이쁜 공주님입니다. 축하합니다."
그 답을 듣고 나서야 정신을 놓고 쉴 수 있었다. 처음 본 딸은 머리가 길쭉하니 이상해 보였다. 간호사가 말하길, 기계 분만을 해서 머리가 뾰족해 보이는데 차츰 들어갈 거라고 했다. 그제야 안심되었다. 남편은 돈이 없는 와중에도 간호사들한테 팁을 주었다. 당시 한 달 월세가 만 몇천 원 할 때였는데, 우리에게는 큰돈인 2만 원을 척하니 주었다고 했다. 남편은 위로 누님만 있는 외아들이라서 아들을 원할 줄 알았는데, 딸도 너무 좋다고 했다. 거금의 팁을 줄 만큼 첫아이를 품에 안은 것이 기분 좋았나 보다.

 2인실에 누워 있는데 옆 침대 산모에게는 수시로 가족들이 오갔다. 우리는 양가 친인척이 모두 먼 곳에 계시니 손님이 아무도 없었다. 나도 모르게 옆 사람과 비교돼서 안 그러려고 해도 자꾸 기분이 처졌다. 커튼 너머에서, 없는 사람과 있는 사람이 차이가 난다고 소곤대는 소리가 들렸다. 원래 못사는 사람이 삐끔 탄다고 내가 그 꼴이 되었다. 오로지 남편이 퇴근하고 오는 저녁만 기다렸다. 아이는 머리도 점점 동그래지고 배꼽도 들어가고 하루가 다르게 이뻐졌다.

 딸아이를 낳고 난 뒤에 창원공단에서 주최하는 합동결혼식을 올렸다. 벚꽃이 만개한 어느 봄날이었다. 여러 명이 동시에 결혼식을 올리다 보니 미용사들이 신부 화장에 제대로 신경을 써 줄 여유가 없었나 보다. 결혼식 사진을 보면, 신부의 얼굴에만 분칠을 해 놓았다. 나도 얼굴은 하얗고 목선은 검은 피부색 그대로다. 사진을 꺼내 볼 때마다 속상하더니 요즘은 그저 웃음이 난다. 나이 들더니 여유가 좀 생겼나 보다. 공단에서 결혼식 선물로 주방 조리기구 세트를 줬었다. 없는 살림에 너무 좋아 보였다. 그때 받은 조리기구 중에 국자는 지금도 쓰고 있다. 너무 귀중해서 버리지 못하고 아직도 간직하고 있다.

 얼마 전 결혼기념일에 딸아이가 잊지 않고 가족 단톡방에 아빠, 엄마 결혼기념일 축하드린다며 글을 올렸다. 여태껏 사실 우리가 공단에서 제공해 주는 합동결혼식을 했었노라고 말하지 못하고 살다가 이번에 고백했다. 제대로 된 결혼식도 못 올릴 만큼 가난했었다는 사실이 왜 그리 부끄럽고 자존심 상했던지, 그동안은 내 새끼들 앞에서도 입 밖으로 말 꺼내기가 싫었었다. 이제는 인생으로 치면 저녁노을 지는 시간이 되다 보니 그 세었던 자존심도 조금 내려놓게 되는 것 같다.

엄마 라서

Chapter 2

 딸 이야기를 하다 보니 생각나는 에피소드가 있다. 임신 6개월 때쯤이었던 것 같다. 처음으로 혼자서 김장을 하게 되었는데, 마침 나의 절친이었던 친구가 마산 어느 공장에 다니고 있었다. 김장일을 도와주겠다고 친구가 아침 일찍 우리 마을 입구까지 버스를 타고 오기로 했다. 상남동보다 방세가 더 저렴한 변두리 시골, 삼정자동 외리로 이사한 후의 일이다. 산동네에 있는 우리 집에서 시내버스 정류장까지는 한참을 걸어 내려와야 했다. 친구 마중 가려고 남편 출근길에 자전거 뒤에 좀 태워 달라고 했다. 한 손으로는 남편의 가방을 잡고, 한 손으로는 남편 허리춤을 잡고 구불구불한 골목길을 내려오는데 갑자기 남편이 자전거 브레이크가 고장 났다고 했다. 출퇴근하려면 자전거가 꼭 필요했지만, 새것은 너무 비싸서 못 사고 중고로 장만한 것이었는데 결국 이런 말썽을 부리게 될 줄이야. 자전거가 휘청휘청하는 사이 나는 그만 굴러떨어져 정신을 잃었다. 기절한 상태에서 구토를 몇 번이나 하니 고려병원(現 삼성병원)에서는 어찌해 줄 방도가 없다고 했다. 그래서 바로 부산 백병원까지 실려 갔다. 사진을 찍어 보니 다행히 아무 이상 없고, 임신부라 쓸 수 있는 약도 없다고 했다. 아침 회진 때 의사 선생님께서 어떻게 임신부가 자전거 뒤에 탈 생각을 했냐면서 야단치셨다. 선생님이 보기에도 황당하셨나 보다. 아무 탈이 없었으니 망정이지 지금 생각하면 어처구니없는 짓이었다. 모르는 것이 너무너무 많았다. 지금도 아는 것이 별로 없지만….

퇴원비를 정산하려고 보니 돈이 부족했다. 하루하루 먹고살던 때인데, 유사시를 대비해 마련해 놓은 예비비가 있을 턱이 없었다. 임신부인 새댁이 걱정되어 따라오셨던 주인집 아지매가 병원비를 대신 내주셨다. 부산까지 같이 와주신 것만도 고마운 일인데, 빠듯한 살림을 알고는 선뜻 내주신 것이다. 나중에 갚긴 갚았지만, 그때를 생각하면 참 감사한 일이다.

또 기억나는 일이 있다. 딸이 태어난 지 4, 5개월쯤 되었을 때, 아이가 아파서 마산 어시장 근처에 있는 소아과를 갔다. 진료를 보고 건너편에 있는 부림시장을 구경하고 다시 돌아오는 길에 지하도 계단에서 소매치기를 당했다. 뒤편에서 계단을 같이 오르던 아주머니께서 "새댁!" 하고 불러서 돌아보니, 누가 내 지갑을 빼갔다고 했다. 지갑을 넣은 기저귀 가방을 들고, 두 손을 뒤로하여 아이를 받쳐 업고 한참 계단을 오르고 있던 때니 숨이 차서 뒤에 사람이 다가오는 것도 못 느꼈었다. 아주머니께 누구냐고 제발 말해 달라고 하니 저기 앞에 가는 두 사람이라고 알려줬다. 나는 많은 사람 속에 섞여 서둘러 걸어가고 있는 두 남자의 머리 꼭대기만 바라보고 갔다. 무조건 따라가다가 얼마쯤 가서 불러 세웠다. 지갑에 있는 돈은 다 가져가도 좋으니 제발 건강보험증과 주민등록증만 달라고 매달렸다.

 그 둘은 처음에는 자기네가 가져가지 않았다고 우겼다. 내가 주머니 한번 보자고 얼마나 사정했던지, 한 사람이 별수 없다는 표정으로 주머니와 몸을 다 털어 보여 줬다. 난 그 옆에 있는 사람에게도 한 번만 보여 달라고 했다. 그랬더니 나보고 뒤져 보라고 큰 소리를 치며 으름장을 놓았다. 나는 겁도 없이 매달렸다.

"내가 어찌 남의 총각 주머니를 뒤지겠어요? 그냥 보여만 주세요. 건강보험증과 주민등록증만 주시면 절대 큰 소리 내지 않을 테니 제발 돌려주세요. 그게 없으면 내일부터 당장 우리 아이 병원 못 가요."라며 통사정을 하였다. 그랬더니 그 남자들이 사람 없는 한적한 곳으로 가서 보여 주겠다고 했다. 쭈뼛거리며 조금 따라가다가 이대로는 안 되겠다는 생각이 들었다. 사람들 있는 데서 절대 소리 지르지 않을 터이니 제발 여기서 달라고 또 사정했다.

"에이 씨! 이 아지매, 엥가이 해 쌓네."

그 둘이 서로 눈짓을 교환하더니, 한 사람이 자기 주머니에서 지갑을 내팽개치듯 꺼내 주고 사라졌다.

 가면서 뭐라고 욕을 했던 것 같은데 그때는 이미 머릿속이 하얘져 있어서 기억이 잘 나지 않는다. 소매치기들이 도망가고 나자, 다리에 힘이 풀리면서 온몸이 덜덜 떨리기 시작했다. 숨죽이고 그 광경을 지켜보던 몇몇 노점상 아주머니들이 새댁이 조용하게 해서 지갑을 돌려받았다고, 참 잘했다고 하셨다. 만약 소리 지르고 펄펄 뛰었으면 무슨 해코지를 당했을지 모른다고 하셨다. 거기서부터 버스정류장까지 어떻게 왔는지 모르겠다. 그길로 뒤도 돌아보지 않고 버스 타고 집으로 오는데, 뒤늦게 그 소매치기 총각들이 고마워서 음료수라도 하나 사 줄걸 하는 생각이 들기도 했다. 지금 생각해 보면 쥐가 고양이 생각하는 격이라 우습기도 하다. 세상에 무슨 날벼락이 났었는지도 모른 채 딸아이는 쌕쌕거리며 잠들어 있었다.

 그 시절에는 전 국민에게 의료보험 혜택이 적용 안 된 상태였던 것 같다. 남편이 회사에 다니니 건강보험증이 나왔던 듯한데, 그게 없으면 당장 아이를 병원에 못 데리고 간다는 생각에 겁 없이 매달렸다. 내가, 아니 엄마라는 존재가 용감하고 강했던 것 같다. 당시에 지갑에 들어 있던 4천 원 남짓의 돈은 내게 큰 액수였지만 그 순간 돈 생각은 하나도 나지 않았다. 당장 아이가 병원에 못 간다는 것이 제일 큰 걱정이었으니까. 그 후로 얼마 동안은 어시장 쪽 병원에 가지 않았다. 혹시나 그 소매치기들과 마주칠까 봐 무서워서 갈 수가 없었다.

 그 뒤로 월세가 좀 더 저렴하고, 남편 직장과 가까운 곳을 찾아 안쪽 동네인 삼정자동 내리로 이사했다. 그곳에서 둘째가 초등학교 입학할 시기까지 살았다. 학교에서 좀 떨어진 변두리 마을 삼정자동 내리에서 시내까지는 53번 버스 딱 한 대가 하루에 몇 차례 돌았다. 비싼 요금을 내야 하는 306번 직행버스는 좀 자주 다녔다. 아이들은 그 당시 돈으로 50원을 내고 시내버스를 타고 학교에 다녔다. 시골 마을이라서 버스 이용객이 많지는 않았다.
 사실 우리 아들은 생일이 빨라서 일곱 살에 초등학교에 입학하였다. 우리 집에서 성주초등학교에 가려면 시내버스를 타고 학교 근처 정류장에서 내려서 미나리 키우는 논두렁을 한참 걸어가야 했다. 아들이 입학한 지 얼마 안 되었을 때 일이다. 하굣길에 논두렁길을 걸어오다가 발을 헛디뎌서 미나리 논에 빠졌던 모양이었다. 온몸이 진흙투성이가 된 상태로 시내버스를 타려고 하니 기사님이 태워 주지 않았단다. 초등학교 1학년 어린아이가 울면서 왕복 8차선 도로변을 걸어서 집까지 왔다. 휴대전화가 없던 시절이었으니 아이가 엄마한테 연락할 방도가 없었다. 연락했다 한들 그 당시에는 내가 일을 하러 다녔기 때문에 중간에 나갈 수도 없었겠지만, 엄마가 제대로 돌봐 주지 못했다는 미안함에 속으로 얼마나 마음 아팠는지 모른다. 시어머니께서도, 그 조그만 어린아이를 앉히지는 못해도 서서라도 좀 태워 줄 것이지 버스 기사가 너무 매정했다고 한참 동안 화를 내셨다. 집에 있던 당신이 어찌해줄 수 있는 게 없으니 더 속상하셨던 것 같다.

 아들아, 미안하다. 가난한 엄마라서. 부자 엄마였다면 하루 종일 너희만 바라보고 있었을 텐데…. 미안하다.

가화
만사성

Chapter 3

　결혼해서 살면서 남편에게 정말 고마운 것은 이때껏 한 번도 나에게 못 배웠다, 무식하다는 소리를 안 했다는 것이다. 술김에라도, 혼잣말이라도 내뱉은 적이 없다. 항상 나를 존중해 주고, 야물게 잘 살아 줘서 고맙다, 열심히 아이들 키워 줘서 고맙다는 소리를 했다. 본인은 기능대까지 나온 배운 사람인데도 집안 사정 때문에 못 배운 게 한이 된 나의 마음을 잘 헤아려 주었다. 예전에는 일 년에 한 번씩 인구조사 조사원이 직접 가정을 방문해서 이것저것 적어 가곤 했었다. 학력 밝히는 것이 싫어서 쥐구멍에라도 들어가고 싶은, 내게는 제일 창피한 날이었다. 오죽하면 최종 학력란에 중졸이라고 거짓을 적은 날은 밤에 자면서 잠꼬대하고, 학교에서 공부하는 꿈까지 꾸었을까. 그런 나의 아픈 곳을 덮어 주는 그이의 마음 씀씀이

가 고마웠다.

 그런 남편이 내 눈에는 세상에서 제일 잘나 보였다. 그래서 학사모 쓴 남편의 대학 졸업 사진을 집에서 가장 잘 보이는 곳에 걸어 두고 자랑스러워했다. 혹여 이웃 사람이 보면 박사학위를 딴 것도 아닌데 유난 떤다고 실쭉샐쭉했을 수도 있겠지만 제 눈에 안경이라지 않던가. 내가 너무 아는 게 없다 보니 남편은 세상 모든 것을 다 아는 사람인 것으로 믿고 의지했다. 10년쯤 세월이 지났을 때 눈에 씌었던 콩깍지가 조금 떨어지긴 했다. 어느 날, 무엇인가를 물어보았는데 "그거는 잘 모른다." 해서 '아, 내 남편도 모르는 게 있구나.'라고 생각했다.

 남편이 나를 속상하게 한 것은 과음 때문이었다. 남편은 몸이 약한 편인데도, 워낙 술을 좋아했다. 걱정하는 마음에, 당신이 우리 집 기둥이니 건강해야 하지 않냐고 잔소리 아닌 잔소리를 했었다. 신혼 초부터 술을 줄이겠다는 각서도 여러 장 받아 보았지만, 받을 때뿐이었다. 요즘 들어 마시는 양을 스스로 줄이는 것을 보고 이제나마 다행이란 생각이 들었다. 그렇게 좋아하는 술인데 절주하는 것을 보니 남편도 나이가 들긴 들었나 보다.

 과음 이외에 다른 일로 투닥거린 일은 크게 없는 것 같다. 남편은 심성도 착하고, 근면 성실한 사람이다. 아들 노릇 하랴, 아버지 노릇 하랴 집안의 가장으로서 반백 년을 앞만 보고 일해 온 사람이다. 그런 남편이 안쓰러워 좀 쉬라고 하면 오히려 놀면 뭐 하냐고 했다.

남들 같으면 벌써 은퇴했을 나이임에도, 칠순을 앞둔 요즘도 소방기사 자격증을 따겠노라고 퇴근하고 와서 밤 11시까지 공부하고 있다. 참 대단하고 고맙다. 나는 글씨를 조금만 쓰면 더 쓰기 싫어서 글씨체가 날아가는데 남편은 공책에 끝까지 아주 정성껏 예쁘게도 쓴다.

물론 남남끼리 만나 살다 보니 마음 상할 때도 있고, 서운할 때도 있었지만, 가정의 평화를 위해서 마음을 가라앉히려 애쓰며 살았다. 그 점은 남편도 나와 마찬가지였을 터이다. 화목한 가정이 제일 기본이라 생각했기 때문에 서로 존중하고 사이좋은 부모의 모습을 보여 주려고 노력했다. 웬만한 일은 넘기고, 많이 웃으려고 했다. 그 덕분인지 좋은 옷 한번 제대로 못 사 주고, 사촌들 입던 옷가지 물려 입혀 키운 아이들이지만, 서로 위하고 얼굴에 구김살 없이 큰 것 같아 그것이 가장 큰 축복이라고 생각한다.

일요일은 우리 가족 모두 대중목욕탕에 가는 날이었다. 다 같이 나란히 걸어가다가 내가 앞으로 나가며 "오리!" 하면 뒤에서 아이들이 "꽥꽥!" 하면서 따라왔다.
"오리!", "꽥꽥!"
"오리!", "꽥꽥!"
한 손에 목욕통 들고 줄지어 행진하는 오리 가족의 즐거운 외출이었다.

또 식사 시간에는 무조건 다 같이 먹었다. 누구 하나라도 안 먹겠다고 하면 "밥 먹을래, 설거지할래?" 하고 물었다. 그러면 설거지하기 싫어서라도 전부 밥을 먹었다. 새벽 6시에 상을 차려도 설거지를 안 하려고 아이들도 그 시간에 일어나 같이 먹었다. 일하고 와서 유난히 지친 날, "우리 집에서 누구 키가 제일 작나? 왜 제일 작은 엄마가 설거지를 하지?" 그러면 서로 자기가 작다고 키를 낮추어서 한바탕 웃기도 했다.

 해마다 추석 때는 경기도 연천에 모신 시아버지 산소에 벌초 겸 성묘하러 갔다. 창원에서 새벽차 타고 출발해서 산소 돌보고, 수원에 사시는 큰아버님 댁에 들러 인사하고 돌아오는 일정이라 시간이 한참 걸렸다. 연천에서 수원까지 전철 타고, 버스 타고 그렇게 한없이 가다 보면 아이들이 "아즉 멀었나?" 하고 물었다. 난데없이 들리는 경상도 사투리에 승객들 시선이 전부 우리 쪽으로 향했다. 말하지 말고, 가만히 있으래도 자꾸만 둘이서 경상도 말을 주고받곤 했다. 집으로 돌아오는 차 안에서 남매가 사이좋게 머리 기대고 잠든 모습을 보면 먼 길 오가는 피곤이 풀렸다.

 아이들 키우면서 나는 웬만해서는 잔소리하거나 혼내지 않았다. 오죽하면 시어머니께서 애들이 말을 안 들으면 좀 때려 주지 그러냐고 하셨다. 아이들을 얼마나 힘들게 낳았는데 어디를 때리냐고 대답했다.

한번은 아들 친구 녀석이 놀러 왔다 가면서 자기가 본 집 중에 우리 집이 제일 화목한 것 같다고 했다. 속으로는 피눈물을 흘릴지언정 이 정도는 감내해야지 하고 참은 덕분에 우리 가정의 허물이 밖으로 새어 나가진 않은 것 같다. 참 감사한 일이다.

멀고 먼
한 식구 되기

Chapter 4

시아버지께서는 그 시절에 강릉에서 서울로 유학하러 가서 공부하실 정도로 총명한 분이셨다. 연천에서 군 생활을 하고 난 뒤로는 줄곧 연천에서 사셨다. 결혼하면서부터 양복점을 운영하셨는데, 군복 수선 맡기는 군인 손님이 많았다고 한다. 시아버지께서도 술을 좋아하셨다. 시어머니는 강릉 어느 부잣집의 막내 따님이라고 하셨다. 곱게 자라 순진하고 세상사를 모르니 시아버지께서 안살림, 바깥 살림을 다 하셨다고 한다. 시아버지는 시어머니에게 글을 가르쳐 주시기도 하고, 술 한잔하신 날이면 꼭 어머니 드실 빵 하나라도 주머니에 넣어 오셨다고 한다. 그렇게 아내를 아끼셨던 분이다. 내가 시어른들께 처음 인사드리러 간 날에도 당신 아들에게 조강지처 버리면 벌 받는다고 말씀하실 정도로 가정을 중하게 생각하시는 분이셨다.

 시아버지께서는 60세에 돌아가셨다. 백 일 탈상을 하기 위해서 나는 어린 딸을 데리고 백 일간 경기도 연천에 있는 시댁에 가 있었다. 당시에 시어머니는 56세로 어떻게 보면 젊은 나이였는데, 타고난 체질이 너무 약해서 이유 없이 간혹 쓰러졌다. 사회생활도, 가정 살림도 잘 못 하는 분을 혼자 계시게 할 수가 없어서 시아버지 돌아가시고 난 1년 후에 창원으로 모시고 내려왔다. 내 나이 스물일곱 살 때로 둘째 아이를 임신한 지 3개월째 되는 달이었다.

 연천 살림을 대충 정리하면서, 시아버지 앞으로 농협 은행에 100만 원의 빚이 있다는 것을 알게 되었다. 빚 상속을 기막혀할 틈도 없이, 당장은 시어머니 기거하실 방부터 마련해야 했다. 그때 우리는 방 한 칸에 부엌 하나 딸린 집에서 살았는데, 어머니를 모시면서 방 한 칸, 부엌 한 칸을 추가로 얻었다. 그야말로 쥐꼬리만 했던 남편 월급으로 방 두 칸 월세도 내야 했고 시아버지께서 남기신 빚에 대한 이자도 내야 했는데, 그렇게 하고 나면 손에 남는 게 없었다. 월세가 1만 7천 원, 8천 원 할 때였으니 농협 은행에 내야 하는 월 2만 원의 이자는 사실 우리 살림에 엄청난 부담이 되었다. 그래도 아들이 부모를 모시는 것이 당연시되던 때라 그냥 그렇게 하는가 보다 생각했다.

 그 당시는 전산 처리가 잘 안 되던 때라서, 창원에서 경기도 연천에 있는 농협에 이자를 내기가 힘들었던 것 같다. 은행 일 보기가 번거로워서, 주인집에 사정하여 100만 원을 빌려 은행 빚을 먼저 갚았다. 나중에 들은 얘기로 당시에 주인집도 가진 돈이 100만 원이 전부였다고 한다. 이웃 사람이 주인집에 하는 말이 "아니, 그 집에 재산이라고는 중고 TV 한 대밖에 없는데 어떻게 그 큰돈을 빌려주느냐, 나 같으면 못 하겠다."고 했단다. 그 말을 들은 주인집 아지매가 "나도 사람 볼 줄 아는데, 새댁을 겪어 보니 거짓말할 사람으로 안 보인다, 신용 있어 보인다"고 하셨다고 한다. 정말 고마운 분이다. 그 후에도 주인집 아지매는 나를 믿어 주시고 급할 때마다 도움을 주셨다.

 일단 은행 빚은 갚았지만, 여전히 주인집에 방 2칸 월세와 100만 원에 대한 이자를 내야 했으니 늘 살림이 쪼들렸다. 그래서 시누이에게 이자 없이 100만 원을 빌려줄 수 있겠느냐고 했더니 흔쾌히 부탁을 들어주어서 곧장 주인집에 돈을 갚았다. 그 당시에 이자 없이 돈을 빌려준 시누이에게 고맙다는 인사를 몇 번이나 했는지 모른다. 요즘 시대 같으면 아버지가 남긴 빚이니 삼 남매가 조금씩 나누자고 말이라도 한번 꺼내 봤을 텐데, 빚도 그저 아들 몫이라고만 생각했었다. 남편 월급이 25만 원 하던 때였으니 이자를 안 내는 것만 해도 감지덕지했다. 한참 후에 재형저축을 타서 시누이 돈을 갚았다. 아이 둘 키우고 다섯 식구 살림하면서 100만 원 모으기가 얼마나 큰 산처럼 보였는지 모른다.

동네에 조그만 부식 가게가 있어서 생필품과 부식 재료를 같이 팔았다. 한 달 동안 먼저 갖다 먹은 걸 장부에 적어 놓았다가 월급 타면 주곤 했다. 외상값 주고 재형저축 조금 들고 나서 돌아서면 돈이 없던 시절이었다. 우리 시누이 말이 "울 엄마 참 불쌍한 분이다. 좋은 데도 못가 봤고. 너희가 잘 모셔라."라고 했다. 그 당시 나는 서른도 안 된 젊은 새댁인지라 시누이 앞에서는 말도 못 하고 혼자서 속병이 난 적도 있었다. 남편은 삼 남매의 막내로, 위로 누나가 두 분 계셨다. 사실 시누이들은 참 효녀시고, 남동생 학교 뒷바라지를 해 준 고마운 분들이다. 시댁도 워낙 없는 살림이었기 때문에 두 누나가 일찍부터 일해서 번 돈으로 남편의 중학교, 고등학교 공부를 가르쳤다고 했다. 누나들도 10대 때부터 공장으로 나가서 돈을 벌어다가 부모님께 생활비 드리고, 남동생 공부까지 시킨 것이다. 내가 한창 젊었던 당시에는 하루하루 살아가는 것이 너무 힘들어서 시누이에 대한 고마움을 잘 몰랐었다. 어려서부터 고생고생하다가 사랑하는 남편 만나 행복하게 사는 꿈을 갖고 결혼했는데, 월급 타고 돌아서면 빈 봉투뿐인 살림살이가 너무 힘들어서, 이럴 바에야 전쟁이라도 나서 모든 게 끝나면 좋겠다는 생각까지 들 정도였다. 내가 힘들다 보니 앞뒤 없이 그저 서운하기만 했었다. 나이가 들어 한숨 돌리고 보니 시누이들에 대한 고마움을 느낀다.

돈에 쪼들리는 것 외에 어려움이 또 있었다. 창원과 연천에서 각자 살다가 합가하니 사소한 일로 오해가 생기기도 했고, 어머니는 강원도, 나는 경상도 사람이다 보니 의사소통이 잘 안 되는 경우도 있었다. 아무래도 서로 살아온 문화가 다르고 말의 억양도 다르니, 속뜻은 그게 아닌데 표현 방식에서 차이가 생기는 것 같았다. 모든 것을 이해하고 품어 내기엔 여러 가지로 내가 너무 어렸던 것 같다.

한번은 한집에 사는 셋방 사람들 몇이서 이런저런 말끝에 생활비 이야기가 나왔다. 자연스레 우리 집은 식구가 많아서 연탄값도, 식비도 많이 든다고 했다. 나중에 그 이야기를 전해 들으신 어머니께서 "너는 왜 그런 소리를 하고 다니냐. 밥상 위에 숟가락 하나만 더 놓으면 되는 것을." 하시면서 역정을 내셨다. 나 또한 순간 울컥해서 되받아쳤다.

"식구가 많은 것은 사실이지요, 연탄도 저쪽 집은 60장 쓰면 되는데, 우리 집은 방 두 칸이니 120장을 때야 하고. 이자에, 생활비에 남들보다 곱절은 더 듭니다."

하고 입바른 소리를 해 버렸다. 아차 싶었으나 이미 내 입을 떠난 말이었다. 어머니는 아버지께서 빚을 지게 된 연유에 대해서는 전혀 모르고 계셨다. 아셨다 해도 해결할 방법이 없었겠지만. 그래서 말씀은 안하셔도 자식한테 미안한 마음은 더 컸을 터였다. 나도 어린 마음에, 낯선 곳에 와서 정붙이고 사는 것만도 고생스러웠을 어머니의 심정을 헤아릴 줄 몰랐다. 내 그릇이 고것밖에 안 되었나 보다. 그렇게 한 1년 정도는 서로 맞춰 가느라 힘이 들었다.

그 후 시어머니 모시는 것은 누구도 대신할 수 없는 내 일이라는 것을 받아들이고 나니 마음이 편해졌다. 어머니도 며느리에 대해서 마음에 안 드는 부분이 있었겠지만 참아 주고 이해해 주셨다. 그렇게 시간이 지나면서 우린 한 식구가 되어 갔다. 그래도 가끔은 답답한 마음이 들기도 했다.

아들이 태어나던 날이었다. 나는 출산하기 1시간 전까지 집에서 전자제품에 들어가는 부품을 조립하는 소일거리 부업을 하고 있었다. 콩나물 100원어치도 팔던 시절이었으니 하루 일해 몇백 원만 벌어도 좋겠다고 생각해서 시작한 일이었다. 사실 결혼을 하면 여자는 돈 버는 일은 안 해도 되는 줄 알았다. 세상이 어떻게 바뀌어 가고 있는 줄 몰랐다. 그런데 나도 여리고 약한 사람이지만 결혼을 해 보니 남편, 시어머니가 나보다 더 순하고 여린 사람 같았다. 나는 원래 눈물 많고 감성적인 사람이지만, 이제부터는 약해져서는 안 된다는 생각에 뭐라도 조금씩 해 보려 했다.

배가 조금씩 아팠어도 첫아이를 낳은 경험을 떠올리며 아직 병원 갈 정도는 아닌 것 같아 계속 일을 했다. 옆에서 같이 일하던 아기 엄마가 빨리 병원에 가라고 재촉하는 통에 마지못해서 출근해 일하던 남편을 오라고 불렀다. 택시를 타고 마산 파티마병원에 가는 도중인데 도저히 거기까지 갈 수 없을 것 같았다. 첫아이 출산 때는 못 느꼈던 느낌인데 아기가 금방 나올 것만 같았다. 가까운 고려병원으로 방향을 돌렸다. 병원에 도착해서 남편이 수속을 밟는 동안에 아기를 낳았다. 어떻게 이럴 수가. 하마터면 택시 안에서 아기를 낳을 뻔했지 뭔가. 딸을 낳을 때 간호사 말이 형광등 불빛이 노랗게 보이면 아기가 나온다고 했는데, 아들은 내가 형광등을 제대로 쳐다보기도 전에 세상 구경을 하였다.

 둘째 아이의 태몽은 남편이 꾸었다. 자다가 벌떡 일어나길래 어디 아프냐고 했더니 꿈에서 이쁜 꽃뱀한테 발꿈치를 물렸단다. 그래서 그런지, 우리 아들은 막 태어나서도 얼굴이 뽀얗고 이뻤다. 눈도 동그랗고, 콧날도 반듯해서 간호사들이 아기가 참 잘생겼다고 했다.

 아기를 낳고 2박 3일 동안 병원에 있다가 퇴원해서 집에 가니, 시어머니께서 미역국을 끓여 놓으셨다. 이웃집 할머니가 며느리가 집에 오면 미역국을 먹여야 한다고 시켜서 끓이셨다는데, 살림이라고는 해 보지 않은 어머니가 물에 미역만 넣고 국을 끓여 놓으신 거였다. 어머니 정성을 생각해서라도 먹어야겠는데 도저히 목으로 넘어가질 않았다. 마침, 결혼할 때 시누이 두 분이 예물로 석 돈짜리 금반지를 해 주셨던 것이 생각났다. 내게는 전 재산이나 마찬가지인 귀한 예물이었는데 당장 산모가 밥을 못 먹으니, 아기한테 젖도 못 물리고, 기운을 차릴 수가 없어서 아깝지만 팔 수밖에 없었다. 금반지를 판 돈으로 소고기를 사서 미역국도 끓여 먹고 나머지는 생활비에 보태었다.

 한번은 "너는 결혼하면서 해 온 게 뭐냐. 냉장고도 안 해 오고." 하셨다. 잘 지내시다가 뜬금없이 이러셨다. 그간 지내 온 내 상황을 잘 아시는데 누구한테 무슨 이야기를 들으셨을까. 서로 제대로 주고받은 것도 없이, 식도 못 올린 상태에서 결혼 생활을 시작해야 했던 내 속은 편했겠는가. 각자 자기 입장에서 보면 다 할 말이 있는 법인데, 굳이 안 해도 될 말을 해서 속을 긁어 놓으시니 야속했다. 하필 그날, 남편이 내가 싫어하는 술을 진탕 마시고 들어왔길래 술 좀 줄이라고 잔소리하면서 팔뚝을 세게 꼬집었다. 속상한 김에 겸사겸사.

서로에게
스며들다

Chapter 5

살면서 왜 갈등이 없었겠나. 난 며느리 입장, 시어머니는 시어머니 입장이 있으니 그냥저냥 서로 이해하고 맞춰 가며 사는 게 정답인 것 같았다. 그래도 우리 어머님은 며느리가 엄청 똑똑하다고 생각하셨다. 사실은 아닌데…. 어쩔 수 없이 모든 것을 며느리한테 의지하고 사셨으니 그렇게 믿으셨던 것 같다. 미장원, 목욕탕, 병원 모두 내가 있어야 다닐 수 있으셨다. 어머니 방 TV 장식장 서랍에는 감기약, 소화제, 두통약을 구분해서 봉투마다 제목 달아 놓고 하나하나 챙겨 드렸다.

착하기는 엄청 착하고 순박한 분이셨다. 1주일에 한 번은 목욕탕에 모시고 가서 등 밀어 드리고, 목 축이시라고 우유를 사 드렸다. 동전 긁어모은 것으로 아이들도 못 주는 걸 어머니께만 사 드리는 건데, 옆에 앉은 사람한테 미안해서 우유를 혼자 못 드시겠다고 했다. 그 사람도 미안해서 얼굴이 붉어지면서 안 받겠다는 것을 굳이 주고 다 먹게 했다. 며느리가 없는 돈에, 아이들도 안 먹이고, 나 먹고 싶은 것도 참고 사 드리는 건데 꼭 그러셨다. 내 속은 답답해도 그래야 당신 맘이 편하시다니 어쩔 수 없는 노릇이었다.

시어머니 모시는 근 20년 동안 외식은 못 나갔다. 연세가 드시면서 점점 더 몸이 약해지셔서 사람 많은 곳을 못 가셨기 때문이다. 식당에 가서 먹으면 기분전환도 되고 뒤에 치울 것도 없으니 편했겠지만, 시어머니 홀로 집에 두고 우리만 나갈 순 없었다. 가도 맛있게 못 먹을 것 같았다. 그래서 갈빗집에 가서 양념 된 고기를 사 와서 집에서 구워 먹곤 했다.

이웃에 나와 비슷한 환경인 친구도 시어머니를 모시고 살았는데, 우리 시어머니와 두 분이 친했다. 나이 차이는 제법 났는데도 두 분 다 온순하고 착한 분이셔서 잘 지내셨다. 친구네와 함께 우리 어머니들 부산 태종대 구경 시켜 드리자 하고 두 집이 부산 가서 배도 타고 해운대도 갔다. 친구 시어머니는 옛날 분이시라 머리에 비녀를 꽂으셨는데, 우리가 해운대 모래사장에 앉아 있으니, 외국인들이 신기하다고 사진을 찍기도 했다. 나름대로 효도해 본다고 큰맘 먹고 모시고 다녔다.

내 나이 서른한 살 때 시어머니께서 환갑을 맞으셨다. 잔치를 해야 해서 시누이 두 분과 의논하는데, 형님께서는 집에서 잔치 음식을 다 준비하면 힘드니까 뷔페에서 하자고 하셨다. 내 생각은 달랐다. 뷔페 가서 하면 돈은 돈대로 쓰고도 집에 남는 음식이 없지만, 집에서 음식을 준비하면 이웃하고 나눠 먹고도 며칠간은 먹을 게 남을 것 같아서 그냥 집에서 잔치를 하자고 했다. 그래서 힘은 들어도 모든 음식을 집에서 다 준비했다. 도토리묵은 뒷산에 가서 열심히 도토리를 따서 묵을 잘하신다는 이웃 형님을 모시고 와 그분께 맡겼다. 그런데 뜸을 잘 들이지 않고 해서 그 많은 묵을 제대로 먹지도 못하고 다 버릴 수밖에 없었다.

 시어머니 칠순 되던 해에는 시누이 두 분과 우리 집이 백만 원씩 돈을 모아서 제주도 여행을 가기로 하였다. 시어머니는 컨디션이 좀 안 좋다 싶으면 쓰러지셨기 때문에 어머니 건강이 제일 걱정이 되었다. 그래서 여행 한 달 전부터 한약방에 가서 보약 한 제를 지어다가 드시게 해서 미리 기력을 보충해 드렸다. 빠듯한 살림이었지만 어쩌겠는가. 어머니를 위해서 허리띠를 졸라맬 수밖에. 마산 부림시장에 모시고 가서 새 옷도 한 벌 사 드린 뒤 출발했다. 나도 비행기는 처음 타 보았지만, 어머니도 처음이라 많이 무서우셨던 모양이다. 우리 부부가 양옆에 앉아 가운데에 앉으신 어머니의 양팔을 꼭 붙들었다. 워낙 떨고 계시길래 팔을 꼭 붙들면서 이렇게 말했다

"어머님, 걱정 마세요. 죽어도 다 같이 죽으니깐 걱정 마세요."

어찌어찌하여 난생처음 하는 제주도 여행을 그렇게 다녀왔다. 그 뒤로 20여 년간 제주도는 못 가 보았다.

 식구가 늘어난 만큼 맞벌이는 필수가 되었다. 결혼하면 집에서 애 키우고 살림만 하는 것인 줄 알았는데, 나도 일하지 않으면 안 될 상황에 놓였다. 창피하고 부끄러움을 무릅쓰고 나름 큰 결심을 하고 나가긴 했는데, 맘 편히 일만 할 수가 없었다. 아이가 아프면 시어머니께서 어떤 조치를 해 주시면 좋으련만 그게 잘 안 되었다. 학교 갔다 오면 반겨 주시고 밥은 챙겨 주셨는데, 아이 데리고 병원 가는 것은 어려워하셨다. 나중에 딸애가 시집가서 맞벌이하는데, 안사돈께서 손수 운전도 하시고 손주가 아플 때 잘 돌봐 주시니, 그것만으로도 진짜 감사하게 여기라고 이른 적이 있다. 어쨌든 나는 식구 중 하나가 병이 낫다 하면 일하다 말고 집으로 쫓아가야 했다. 돈 벌고, 살림하고, 집안의 대소사와 식구들 챙기는 것까지 모두 내 몫이다 보니 가끔 버겁게 느껴질 때가 있었다. 그래서 남편이 보는 책 중에 스님이 쓰신 책이 있길래 부엌에 가져다 놓고 한 장 한 장 읽었다. 찬물 한 잔 마시고, 스님의 말씀을 새기며, 불평이 올라와 들썩거리는 마음을 다독였다.
 힘든 일은 좀 피해 가며 살 수도 있었을 터인데, 나는 요령을 피울 줄도 몰랐고, 대충 할 줄도 몰라서 더 힘들었던 것 같다. 너무 버거울 때는 싱크대 앞에서 물 틀어 놓고 숨죽여 울기도 했지만, 내 힘이 닿는 한 시어머니께 잘해 드리고 싶었다. 혈연에 버금가는 깊은 인연으로 만났으니 후회 남지 않게 최선을 다하려 했다. 물론 시어머니도 고생하는 며느리 보듬어 주려 애쓰시는 게 느껴졌다. 빨강과 파랑이 만나 예쁜 보라색이 되듯이, 그렇게 우리는 가족이라는 울타리 안에서 서로에게 곱게 물들어갔다.

1에서
4로

Chapter 6

'삼정자동'이라는 시골 마을에 살 때가 이웃 간에 정이 있고 재미가 있었다. 모두 생활 여건이 비슷하니까 서로 이해하고 위로도 하며 허물없이 지냈다. 어머니께도 말동무가 있고, 아이들에게도 이웃 친구들이 많은 시골 동네가 참 좋았다.

삼정자동 외리에서 주인집 안채 바로 옆방에 세 들어 살 때였다. 그 집에는 어린 아들 하나, 초등학교 다니는 딸 둘이 있었고, 우리 딸아이는 막 걸음마를 배우던 때였다. 주인집 방에 들어가기 전에 마루가 있었고, 우리 방에서 주인집 마루로 통하는 문이 하나 있었는데 그 문을 개방해 놓았었다. 서로가 상부상조하며 주인집 식구들과 친하게 지냈다. 그 동네는 산에서 내려오는 개울물이 모이는 공용 빨래터에서 빨래를 해야 했다. 식수는 시간대별로 큰 통에 약수를 받아서 사용했다. 난 아기를 업고 빨래하기가 힘들어서, 주인집 딸아이들이 학교 갔다 오길 기다렸다. 아이들이 우리 딸을 봐 주면 그제야 빨래터로 갈 수 있었다. 주인집 아지매는 장사하러 다니는 분이라 아이들을 잘 돌보지 못하니까 내가 그 아이들을 돌보아 주고, 그 딸아이들은 내 아이를 돌봐 주었던 것이다. 나는 내 나름대로 맛난 것도 만들어 주고, 옷도 갈아입혀 주면서 이모처럼 지냈다. 그때 나이 스물다섯 살이었다.

삼정자동 내리로 이사 가서 아들을 낳았다. 시어머니도 모셔야 해서 방 두 칸을 세내다 보니 살림에 여유가 없었다. 남편의 친구가 세 들어 사는 집이었는데 마침 그 아내가 화장품 판매 일을 하여서 그 집 아이들을 같이 돌봐 주게 되었다. 요즘 말로 돌보미 아르바이트를 한 거였다. 네 살 막내는 100원, 큰애는 50원씩 돌보는 값을 받았다.

그 후에 3년 만기 재형저축 적금을 타서 400만 원짜리 전셋집으로 이사하였다. 같은 동네, 살던 집에서 겨우 몇 걸음 떨어지지 않은 집으로 이사했을 뿐이지만, 월셋집만 살다가 전세로 간 것은, 나름 위로 한 단계 발전한 일이라 좋았다. 그 집은 동네 입구에 위치하였고 넓은 마당 한가운데에 큰 나무가 2, 3그루 있었다. 평상이 있어서 같이 세 들어 사는 사람끼리 모여 앉아 이야기도 나누고, 간식거리가 생기면 서로 나눠 먹기도 하였다. 마당 오른쪽에 주인 채가 있었는데 그 주인 채에 전세로 들어가게 된 것이었다. 그 집은 주인 채라 그런지 방 두 칸에 마루도 조그맣게 붙어 있고 부엌 한편에 수도도 연결되어 있었다.

 내가 인복이 많아서 그 집으로 이사할 당시에도 많은 도움을 받았다. 집주인은 다른 동네에 새 벽돌집을 지어 갔기 때문에, 하루라도 빨리 우리가 이사하기를 바랐다. 하지만 우리는 적금 만기가 아직 2개월이나 남은 상태여서 당장 이사를 할 수 없는 형편이었다. 그랬는데 이사 갈 집의 새 주인이 200만 원을 빌려주고, 기존에 살던 집주인이 200만 원을 빌려주어서 이사할 수 있었다. 두 달 뒤 재형저축 적금을 타서 빌린 돈을 바로 갚았다. 어려움이 생겼을 때 혼자서는 답이 없어 보여도, 좋은 사람들이 옆에서 도와주어 힘든 과정을 넘어갈 수 있으니, 세상은 혼자 사는 게 아니라는 말이 맞다는 생각이 들었다.

 삼정자동 내리, 마을 초입에 있던 그 전셋집에서 꽤 오래 살았다. 아들이 2, 3살 때 이사 가서 초등학교 1학년 마치고 이사했으니 근 5, 6년은 살았던 것 같다. 남편이 재직하고 있던 삼성항공 건물이 바로 길 건너에 있어서 출퇴근하기가 수월했다. 그 집에 살면서 딱 하나 불편했던 점은 화장실이 하나라는 것이었다. 대문에 들어서면 바로 왼편에 공용화장실이 있었다. 우리 식구 5명이 주인 채에 살고 있었고, 우리 외에도 다섯 집이 세 들어 살고 있었다. 집마다 서너 명의 가족이 있었으니 대충 잡아도 스무 명의 사람이 공동으로 화장실을 사용해야 하는 것이었다. 그 많은 인원이 쓰려면 눈치껏 순서를 맞추어야 했다. 소위 푸세식 화장실이었는데, 겨울엔 춥고, 여름날 비 오고 나면 더 지저분하고 구더기도 생기고 했더랬다. 한 달에 한 번꼴로 동네에 오물 푸는 똥차가 들어오면 냄새가 진동해서 코를 쥐고 다녀야 했다. 요즘 아이들한테 그런 화장실이 있었노라고 말하면 호랑이 담배 피우던 시절의 일쯤으로 여길 것 같다.

세 들어 사는 집 애들만 모두 12명이었다. 남자아이들은 자기네끼리 남의 밭에 가서 콩 심어 놓은 것을 옮겨심기도 하고, 싸우면서 흙도 던지고, 난리였다. 남의 집 숟가락 개수까지 알 정도로 다들 허물없이 살았지만, 정작 문은 못 열어 놓고 지냈다. 우리 집 마루 위로 12명이나 되는 꼬맹이들이 올라와 재잘거리면 정말 귀가 따가울 정도였다. 할머니가 계시니 마당에 가서 놀라고 보내 놓고 뒤돌아서면 또 몰려왔다. 혼도 내 보고, 달래기도 하면서 여하튼 시끌벅적하게 살았다. 시골 동네가 좋아서 일부러 살았던 것은 아니고 돈이 없어서 방세가 싼 곳을 골라 간 것이었는데, 지나고 보니 그때가 참 좋았던 것 같다.

지금도 옛날에 세 들어 살았던 주인집과 안부를 주고받으며 산다. 셋방살이하면서 만난 주인집은 세 군데였는데 모두 다 잘 지내고 있다. 고마우신 분들이다. 그분들 모두 다 검소하시고 열심히 사시는 분들이라 배울 점이 많았다. 그 시절 같은 집에서 세 들어 살던 이웃들과는 계 모임을 한다. 삼정자동 얘기만 나오면 다들 즐거워

한다. 그때 누구누구는 맨날 누런 코를 흘렸지, 또 누구는 키가 제일 크다고 선생님 놀이 한다고 하다가 목소리가 너무 커서 옆집 갓난아기를 깨웠더랬지 하고 웃는다. 형제처럼 뒤엉켜 지내던 아이들이 이제는 모두 다 결혼해서 부모가 되었다. 우리들은 어느새 꼬부랑 할머니, 할아버지가 되었고, 얼마 안 있으면 손주들이 초등학교 입학을 한다.

 삼정자동 내리의 그 집에서 돈을 차곡차곡 모아서 21평 근로자 아파트를 분양받아 이사했다. 대방동 개나리 1차 아파트. 첫아이가 초등학교 3학년이 되었을 때다. 가로수 은행잎이 샛노랗게 물들 때였는데, 아파트로 이사 가니 호텔 생활이 따로 없었다. 방 두 개, 부엌 한 개, 화장실 한 개에 작은 거실도 있었다. 이 작은 아파트가 내 눈에는 궁궐처럼 보였다. 그렇게 좋을 수가 없었다. 삼정자동의 슬레이트 지붕 집은 벽체 맨 위에 서로 공기가 통하는 큰 구멍이 있었다. 한마디로 벽돌로 칸막이를 하고 그 위에 슬레이트 지붕을 그냥 얹은 형태였기 때문에 그 구멍 사이로 옆집 싸우는 소리는 물론이고 방귀 뀌는 소리까지 들렸었다. 방바닥은 연탄불 가까운 데는 장판이 타고, 윗목은 얼음장이었다. 화장실은 바깥에 있으니 한겨울이면 참다 참다 가야 하거나, 요강을 써야 했다. 그런데 아파트로 이사를 와 보니 이렇게 깨끗한 수세식 화장실이 집 안에 있다니, 꿈만 같았다.

그러다가 1년도 채 안 되어서 대출을 안고 32평 덕산아파트로 이사를 했다. 사람 마음이 참 간사하게도 다섯 식구가 살기에는 21평이 좁게 느껴져서였다. 방 세 개, 화장실 두 개인 곳으로 갔다. 대출을 안고 집을 산다는 것은 사실 큰 용기가 필요했었다. 그래도 과감하게 결정했다.

그런데 아이들이 성별이 다르다 보니 커 가면서 이 아이들에게도 방이 따로 필요해졌다. 또 대출을 안고 42평, 방 네 개인 성원 1차 아파트로 이사했다. 지금 생각해 보아도 그 집은 참 좋았다. 집도 넓고 6층이라서 쾌적하고 밝고 참 좋았다. 그런데 나는 그 집을 제대로 즐겨 보지 못했다. 새벽부터 저녁까지 바쁘게 일하다 보면 금세 하루가 다 갔다. 집을 담보로 대출금을 많이 안고 있었기 때문에 무슨 일이든 해야 했다. 그 큰 집에서는 힘든 일도 많이 겪었지만, 마지막에는 우리가 그렇게 소원하던 딸의 한의과 대학 합격 소식도 듣고 나왔으니, 결과적으로 좋은 일이 많았던 집이었다.

스물네 살에 방 한 칸짜리 월세로 신혼살림을 시작해서 방이 4개나 되는 자가 아파트로 넓혀 오기까지 수십 년의 세월이 걸렸다. 아파트 평수를 넓히기 위해 내가 그토록 애를 쓴 것은 아니었다. 식구가 늘고 아이들이 자라면서 그 안에 사는 이야기가 담기고, 사람들과 부대낀 정이 쌓였다. 집마다 오롯한 추억이 생겼다. 내가 책임져야 할 것을 위해 성실히 살다 보니 집이 넓어지고, 필요에 따라 방이 많아졌을 뿐이다. 나이가 드니 이제는 가진 것을 덜어 낼 줄 아는 지혜도 생겼고, 물질보다 사람을 얻으면 진정한 부자라는 생각을 하게 되었다.

머리카락이 날리네

Chapter 7

　시어머니가 돌아가시기 6~7년 전부터 목욕탕에서 때를 밀어 드리는 것은 나의 몫이 되었다. 한번은 시누이 집에서 한 달 정도 지내다 오셨는데, 잠결에 침대에서 떨어지셔서 팔에 금이 갔다. 우리 집에서는 바닥에 요를 깔고 지내셨기 때문에 침대 생활이 낯설었던 모양이었다. 뼈가 약한 상태에서 낙상하니 바로 골절상을 입으신 것이다. 보통 사람 같으면 팔에 금이 갔어도 몇 달만 있으면 뼈가 붙을 텐데, 시어머니는 워낙 체력이 약해서 그런지 회복되는 데 꽤 오랜 시간이 걸렸다. 그 뒤로는 간단한 샤워 정도는 할 수 있었지만, 때를 밀어야 하는 목욕은 힘들어서 혼자서는 못 하셨다. 딸아이도 공부하는 학생인지라, 조금이라도 수고를 덜어 주고 싶은 마음에 딸아이 목욕까지 내가 맡았었다. 결국 일주일에 한 번 목욕하러 가는 날이면 시어머님을 먼저 밀어 드리고, 딸아이 때를 밀어주고, 나까지 세 사람 몫을 해야 하는 그런 여정이 시작되었다. 평일에는 일하고, 겨우 하루 쉬는 날도 쉬는 것 같지 않게 지냈는데, 그나마 그때는 내가 40대 초반이라서 버틸 힘이 있었던 것 같다.

 그렇게 지내시다가 돌아가시기 1년 전부터는 아예 거동을 못 하고 몸져누우셨는데 나는 차마 시어머니를 요양병원으로 모시지 못했다. 병원이 많지도 않았을뿐더러 우리 형편에 감당할 수 있는 비용도 아닌 것 같았다. 그보다 더 큰 이유는 어머니께서 워낙 몸이 마르시고 기운 없어 하셔서 집 떠나면 얼마 못 사실 것만 같아서였다. 몸은 지쳐도 내 손으로 직접 돌봐 드려야겠다고 생각했다.
 힘에 부치는 것은 사실이었다. 낮에 일하고 부리나케 집에 돌아와 대소변 치우고 몸 씻겨 드리고, 저녁밥 챙겨 드리고 뒤돌아서 또 용변 치우고. 이것이 새벽 5시에 일어나서 잠자리에 누울 때까지 반복되는 일상이었다. 높이가 낮은 딸기 다라이를 구해 거기에다 대소변을 보시라 하고, 급할 때를 대비해서 기저귀를 채워 놓았다. 시어머니는 몸을 떠시면서 겨우 앉아서 딸기 다라이에 변을 볼 때도 있고, 방바닥에 볼 때도 있고, 옷에 그냥 실수할 때도 있었다. 집 안에 악취가 가득하고, 어머니 자궁 쪽이 무언가 안 좋으셨는지 썩는 듯한 냄새도 났다. 그렇더라도 우리가 모셔야겠다는 생각뿐이었다.

갚아야 할 빚이 있었기 때문에, 아침밥 일찍 드시게끔 하고 점심은 방에 차려 놓고 일터로 나섰다. 당신 몸도 감당 안 되는 분을 혼자 두고 일하러 나가야 하는 나의 마음은 무거웠다. 혹시라도 식구들 아무도 없을 때 홀로 쓸쓸히 가실까 봐 그것이 걱정이었다. 내가 제일 무서워했던 순간은 대소변 치우는 것보다 퇴근 후 현관문을 열 때였다. 가슴이 콩닥콩닥 뛰었다. 방문을 열고 "어머님!" 하고 부르면 우리 어머니가 "어미 왔나?" 하실 때가 제일 반가웠다. 뼈만 남은 이런 사람을 누가 가족처럼 제대로 돌봐 주겠나, 어머니 돌아가시고 나서 후회하지 말고 지금 최선을 다하자고 생각했다. 너무 힘이 들 땐 남편 몰래 싱크대 앞에서 울었다. 혹여라도 내가 우는 걸 보면 남편 마음이 다칠까 봐 숨어서 울었다. 낮 동안 힘들게 일하고 퇴근하면 휴식이 기다리고 있는 것이 아니라, 내가 책임져야 할 일들이 남아 나를 짓누르는 것 같았다. 좋아하지도 않는 술의 기운이나마 좀 빌려 보려고 달달한 매실마을이라는 술을 사서 싱크대 안에 넣어 두곤 했다. 견디기 힘든 날에는 술을 한 잔 입에 털어 넣고, 얼른 화장실에 들어가서 눈물 한 번 흘리고 세수한 뒤에, 아무렇지도 않은 듯, 괜찮은 듯 저녁밥을 준비하고 시어머니를 씻겨 드렸다. 그래도 아이들이 학교 다녀와서 내가 퇴근할 때까지, 그리고 방학 기간에 할머니의 대소변을 치워 주고 밥상도 차려 주면서 엄마를 도와주었다. 악취가 나는 할머니 방을 불평하는 법 없이 치워 주는 아이들이 얼마나 고마웠는지 모른다.

어머니가 병석에 누워 계실 때 기뻐하실 일이라면 뭐라도 해 드리고 싶은 마음에 "어머님, 뭐가 제일 미련이 남습니까?" 하고 여쭤보았다. 그랬더니 당신 손녀가 대학에 들어가는 것을 보고 싶다고 하셨다. 우리 딸은 공부를 좀 잘하는 편이어서 고등학교 다니면서 전교 1등도 했다. 다른 엄마들은 자기 아이가 반장이 되거나 1등을 하면 햄버거를 돌리거나, 아이스크림을 쏜다고 하던데 난 뭘 몰라서 제과점 빵을 한 번 돌린 게 전부였다. 뒷바라지해 준 것도 별로 없는데, 기특한 딸은 변변한 학원 한번 안 다니고도 좋은 성적을 유지해 줘서 늘 우리 부부의 자랑이 되어 주었다. 그런데 정작 중요한 수능시험을 망쳐서 며칠 앓아눕더니 심기일전하고 서울까지 올라가 재수하고 있던 참이었다.

"기순이가 대학에 가려면 1년은 더 있어야 해요. 아프시면 안 되세요."

귀에 대고 큰 소리로 말씀드렸다. 지금 상태로 얼마를 더 사실 수 있으려나 마음이 조마조마했다. 그래도 희망이 약이 되었던지 어머니는 1년을 견디시다가 손녀가 한의과 대학에 입학하고 15일 지난 후에 돌아가셨다. 돌아가시기 보름 전에 어머니께서 우리 네 식구를 모두 불러 앉히시고는 고맙다고 말씀하셨다. 아이들이 "할머니, 방바닥에만 똥 싸지 마." 하면서도 잘 치워 줘서 고맙다, 어미, 아비도 참 고맙다고 하셨다. 그러고는 이불 밑에서 꼬깃꼬깃 숨겨 둔 용돈 40만 원을 꺼내서 아이들과 우리 부부에게 나누어 주셨다. 사실이 용돈은 어머니한테는 정말 피 같은 돈이었다. 그것을 너무나도 잘 알기에 정말 가슴이 아팠다. 그날 우리 집은 눈물바다가 되었다. 어쩌면 오늘이 마지막일 수 있겠다는 무서움에 방문을 활짝 열어놓고 지켜보았다. 다행히 그날 밤은 무사히 지나갔다. 다음 날이 딸의 대학교 입학식이라서 부랴부랴 짐을 싸 들고 충북 제천까지 아이를 데려다주었다. 입학식이 있고 15일 뒤, 어머니는 벚꽃이 피려고 꽃망울이 맺혀 있던 봄날에, 날갯짓 가벼운 나비처럼 가셨다.

시어머니는 성격이 깔끔하셔서 늘 손에 걸레를 들고 계셨다. 다른 건 몰라도 청소는 좋아하셨다. 낙상으로 팔에 금이 가서 혼자 옷 입는 것도 힘들어하셨던 6, 7년 동안에도 집 안이 반질거리게 닦으셨다. 힘쓰고 비트는 건 못 하시니 아침에 걸레를 몇 개 빨아 어머니 방 앞에 놓아두고 출근했다. 머리카락 찍는 테이프를 어찌나 시도 때도 없이 사용하시던지, 퇴근 후 잠깐 드라마 보는데도 TV 앞에서 찍고 다니셔서 내가 그것 좀 그만 찍으시라고 짜증을 낸 적도 있었다. 어머니께서 돌아가시고 난 뒤, 무릎이 아파서 무릎 관절경 시술을 받고 집에서 며칠 쉬고 있을 때, 방바닥에 머리카락이 날리는 것을 보니 시어머니 생각이 절로 났다. 테이프 좀 그만 찍으시라고 타박을 줬었는데 이제는 테이프 찍는 사람이 없으니, 머리카락이 날리네….

드라마에서 시어머니 역할을 맡은 배우가 "어미야, 어미야." 하고 며느리를 부른다. 순간 우리 시어머니가 나를 부르는 것 같아서 울컥했다. 우리 사이는 모녀지간처럼 엄청 살갑지도, 그렇다고 남처럼 데면데면하지도 않았다. 내 성격상 아주 곰살맞게는 못 했어도, 어머니께 이런저런 세상 이야기를 많이 건네며 지냈다. 우리 시어머니는 혼자 할 수 있는 것이 별로 없으니, 나를 통해 세상 돌아가는 소식도 들으시고 그저 나만 믿고 사신 분이었다. 어떻게 보면 친정엄마하고 함께 산 시간보다 시어머니하고 함께 보낸 시간이 더 많다. 그래서일까, "어미야, 어미야." 하는 부름에 나도 모르게 눈물이 흘렀다. 곁에 모시고 있을 때는 내가 너무 몰랐었다. 병시중하던 때 내 나이가 마흔넷이었으니, 지금 생각하면 다른 한 사람을 온전히 품기에는 부족한 나이였다고 스스로에게 변명해 본다.

 사람의 정이라는 것이 참 이상하다. 시어머님이 돌아가시자 가족 중 내가 제일 많이 슬퍼했던 것 같다. 육체적으로도, 정신적으로도 참 힘들었는데 20년의 세월 동안 쌓인 정이 그렇게 대단한 것인가 싶었다. 요즘도 종종 생각이 나고, 내가 시어머님의 그때 그 나이가 되니 더더욱 안타깝고 그립다. 뵙고 싶다.

 우리 어머니, 나 없으면 아무 데도 혼자 못 가시는데 저승에서는 어떻게 사실런가….

벚꽃이
필 때

Chapter 8

친정엄마를 우리 집에 한 번이라도 제대로 모시고 맛있는 음식을 대접해 드리지 못한 것도 많이 후회된다. 시어머니가 계실 때는 어려워서 못 그랬다 쳐도, 돌아가시고 난 후에는 모실 기회가 있었다. 친정엄마는 "야야, 진해 벚꽃 필 때 너거 집에 한번 가꾸마." 하셨다. '그래, 벚꽃 필 때 꼭 한번 모시고 와서 구경시켜 드려야지.' 했는데 못 하고 말았다. 아이들이 입시생이었고, 또 내가 일하러 다니느라 좀처럼 시간 내기가 쉽지 않았다. 핑계 댈 이유는 항상 생겼다. 내년에는, 내년에는 꼭 모시고 와야지 하는 생각만 할 뿐이었다.

어느 날, 친정엄마는 어지럽다고 병원에 입원하여서 그길로 영원히 걸을 수 없게 되셨다. 요양병원에 누워서 5년 동안 천장만 쳐다보다가 돌아가셨다. 못 걸으시면 정신 줄이라도 좀 놓았으면 덜 힘드셨을 것을, 정신이 맑아서 얼마나 고통스러웠을까.

 아버지, 오빠 먼저 가시고, 남은 아들인 동생이 엄마를 모셨는데, 나는 엄마 드시는 쌀값이라도 좀 보탤게 하고는 달마다 쌈짓돈 5만 원을 부치곤 했다. 입원해 계시는 동안에는 월급 타면 20만 원을 엄마 병원비로 따로 떼어 놓았다가 부쳐 주었다. 쓰러지시기 전에, 마음껏 걸어 다닐 수 있으셨을 때, 진작에 목돈 100만 원이라도 챙겨 드렸더라면 얼마나 좋았겠나, 꽃구경 실컷 시켜 드리고 막내딸 사는 모습을 보여드렸더라면 얼마나 좋았겠나, 이제는 소용없는 일이라는 것을 잘 알면서도 부질없는 생각이 꼬리에 꼬리를 물었다.

 우리 엄마는 가난한 농삿집에서 먹고살기 어려워 딸자식들 일찍 시집보내 놓고, 얼마나 애간장이 녹았을까…. 숨어서 흘린 눈물이 한 동이가 넘지 않았을까 싶다. 돈만 부칠 게 아니라 내 얼굴을 자주 보여드렸어야 했다. 삶에 찌들고 내 속은 문드러졌더라도 엄마 앞에서는 활짝 웃는 모습을 보여드렸어야 했다. 그래도 아마 엄마는 아셨을 것이다. 학교도 못 다닌 내가 세상에서 살아남기 위해 까치발 들고 종종거렸다는 것을. 어쩌면 떵떵거리고 살지 못하는 내 형편을 들키고 싶지 않아 엄마 뵐 날을 자꾸 미뤘던 것인지도 모르겠다.

친정은 멀수록 좋고, 어떻게든 시부모님 봉양은 잘해야 한다는 전통적 사고방식을 가진 나였는데, 세월이 지나고 보니 알게 되었다. 잘났든, 못났든, 자식은 모두 부모라는 사람들 삶의 이유라는 것을.

진짜
우리 집

Chapter
9

　시어머니 돌아가시고, 딸이 타지에서 공부하고 있다 보니, 이제는 꼭 큰 집을 붙들고 있어야 할 이유가 없어졌다. IMF 외환 위기가 닥치면서 남편은 삼성이라는 대기업에서 정리해고가 되었고 얼마 동안 강제로 쉬게 되면서 경제적으로 많이 힘들어졌다. 아이들이 한창 공부하는 시기여서 나가야 하는 돈이 많을 수밖에 없었다. 남편은 곧장 중소기업에 취직해서 돈을 벌었지만, 작은 회사에서 받아오는 월급은 우리 식구가 생활하기에는 부족하였다. 그래서 집을 담보로 대출을 낼 수밖에 없었고, 카드 돌려막기를 하면서 생활하였다. 수입이 줄면서 대출금을 제대로 갚지도 못하고 빚이 쌓이는 생활이 계속되다 보니 숨이 턱밑까지 찼다. 우리 부부와 아들만 생활하면 되는데 큰 평수 집이 필요치 않기도 해서, 42평 아파트를 팔고 같은 아파트 단지에 있는 32평, 1층 집으로 옮겨 갔다.

 큰 아파트 팔아 대출금을 갚았으니 그 뒤로는 더는 빚이 안 생길 줄 알았다. 대출만 없어도 막혔던 숨통이 트일 줄 알았는데 아이들 대학 보내는 일이 남아 있었다. 대학교 학비는 내 생각 이상이었다. 아들은 전문대학 제빵학과에 입학해 스스로 아르바이트를 해서 생활비를 충당했지만, 등록금은 우리가 마련해 주어야 했다. 딸의 한의대 등록금은 생각보다 많이 비쌌다. 한 학기에 5백만 원 가까이 되었던 것 같다. 등록금만이 문제가 아니었다. 공부하는 데 드는 책값도 만만치 않았다. 생활비는 딸이 과외를 하면서 벌어 쓴다고는 하지만 그래도 부족했다. 그래서 우리는 또 아파트를 담보로 대출을 낼 수밖에 없었다. 그 대출금으로 등록금도 주고 생활도 해야 했다. 아무리 부부가 열심히 벌어도 힘에 부쳤다.

 그 당시에 나는 우리 딸에게 이렇게 말했다.

"딸, 과외 해서 돈 벌려고 하지 말고, 열심히 공부해서 장학금 타려고 노력해 봐. 장학금 받는 게 과외 하는 것보다 훨씬 이득이야. 너는 공부에만 전념해. 돈 걱정은 너무 하지 말고. 생활비랑 책값은 어떻게든 해 볼게."

 그러잖아도 공부한다고 밤샘을 밥 먹듯 하는 딸이 없는 짬에 과외까지 하는 것을 그냥 두고 볼 수는 없었다. 뼈를 갈아 내듯 삶이 고통스러울지라도 자식만은 아무 염려 없이 꿈을 펼치게끔 도와주고 싶은 것이 세상 모든 부모의 공통된 마음일 것이다. 안 그래도 일찍부터 철들어 언제나 200%의 보람을 안겨 주던 딸이었는데, 더 열심히 노력하더니 본과 4년간 수석 장학금을 타 왔다. 우리 부부는 등록금 걱정 없이 생활비만 보태 주면 되었다. 나는 딸의 한의대 합격증과 1등 성적표를 거실 서랍장 유리 사이에 끼워 놓고 아침저녁으로 보고 다녔다. 대학 합격증과 등록금 고지서에 찍힌 수납 예정 금액 0원이란 숫자가 나의 기운을 북돋워 주는 박카스였다. 지금도 우리 집 화장대 유리 밑에는 그것들이 끼워져 있다. 딸이 학교를 졸업한 지 수년이 지났지만 버리지 않고 간직하고 있다.

아들은 고등학교 재학 중에 제과 제빵 자격증을 따서 전문대학에 진학했다. 그런데 대학을 졸업하고 제대하더니, 출퇴근이 일정한 직업으로 바꾸고 싶다고 하였다. 기술 계통으로는 전혀 배운 적이 없던 아들이 기술을 배워서 중공업이나 자동차 같은 대기업에 취직해서 규칙적인 생활을 하고 싶단다. 그래서 한국폴리텍대학에서 1년 동안 기술을 배우는 교육과정에 다시 들어갔다. 그때 아들의 새 도전을 응원하기 위해서 우리는 상금을 걸었다. 교육과정 일 년 동안 자격증 3개를 따면 100만 원을 주겠고, 2개는 70만 원, 1개는 보상이 없는 조건이었다. 인문계 고등학교를 나와서 기계에 대해서는 거의 문외한이었을 텐데, 일 년 만에 자격증 3개를 모두 따 왔다. 우리 부부는 약속대로 상금 100만 원을 주었다. 속으로 너무 대견하고 자랑스러웠다. 원하는 것을 스스로 선택하고, 목적의식을 갖고 그것을 얻기 위해 최선을 다하는 모습이 참 기특했다. 알아서 잘할 것을 믿기에 상금으로 준 돈의 사용처는 한 번도 물어보지 않았다.

사실 우리 아들은 중고등학교 다닐 적에는 공부에 별로 흥미가 없던 아이였다. 시험 잘 봤니? 하고 물으면 잘 봤다, 너무 열심히 봐서 시험지가 찢어졌다고 능청을 부리던 아이였다. 성적표는 어디 갔냐고 물으면 담임 선생님께서 안 주셨다고 했다. 그러면 나는 "아, 선생님이 참 현명하시네. 우리 가정의 평화를 위해서 안 주셨구나." 하고 웃어넘겼다. 본인이 공부할 의사가 없는데 억지로 시킨다고 될 일이 아니라고 생각했기 때문에 성적을 가지고 잔소리한 적은 없었다. 한번은 아들에게 장난처럼, 너도 누나같이 열심히 공부해서 좋은 대학 가면은 내가 집을 팔아서라도 뒷바라지해 줄게 했더니, 엄마, 아빠가 집을 팔까 봐, 우리 집을 지키기 위해서 나는 공부 조금만 하련다 하면서 웃었다. 그랬던 아들이 어느새 생각이 여물어 자기 앞길을 준비하고, 스스로 나아가고 있었다.

물론, 아이들이 자립했다고 갑자기 우리 집 형편이 나아진 것은 아니었다. 딸은 한의과 대학 6년 과정을 졸업하고도, 4년간의 수련의 과정을 거치고 싶다고 하여 부산 동의의료원에 내려갔다. 힘든 인턴, 레지던트 과정을 밟으면서 한 달 받는 200만 원 전후의 월급으로 저 혼자 생활해 주는 것만도 감사한 일이었다. 남편은 직장을 계속 다녔던 것이 아니라 회사 사정으로 이직하면서 띄엄띄엄 공백 기간이 있다 보니 가정 경제가 늘 불안정했다. 나도 몸이 아픈 와중에도 쉬지 않고 일을 하러 다녔지만, 매달 말일마다 이 카드에서 돈을 빼서 저 카드에 돈을 입금하는 그런 카드 돌려막기 생활이 15년 넘게 계속됐다. 집 안에 새 살림살이며 새 옷 같은 것은 사 본 지 오래고, 긴 세월 동안 은행에 잔액 10만 원도 못 채우고 살았다.

 그래도 아들, 딸이 자기 벌이를 하게 되면서 서서히 빛이 보였다. 네 식구가 많든 적든 다 같이 벌고 있으니 이제 허리 펼 수 있는 날도 얼마 남지 않은 것 같았다. 특히 남편은 전기 기사 자격증이 있어서 나이가 들어서도 현역으로 일할 수 있었기 때문에 조금씩 조금씩 빚이 줄어들었다.

 내 나이 예순여섯, 드디어 모든 빚을 청산할 수 있게 되었다. 대출이 없으니, 집도 은행 것이 아니라 진짜 우리 집이 되었다. 세상에, 남편 월급으로 저축도 해 보고, 내 월급만으로 생활비가 충당되는 이런 날이 다 있네. 아이들이 잘 커 주어 각자의 자리에서 열심히 살고 있고, 사랑하는 남편이 곁에 있고, 카드 돌려막기를 안 해도 되는 지금, 더 많이 가진 사람 부러울 것 하나 없다. 흘러간 모든 시간이 꿈만 같다.

Part 04

공사장 설비 아지매

거지 근성

Chapter 1

초여름인데 벌써 한여름 못지않게 날이 푹푹 찐다. 베란다 밖 나무에 붙은 매미들은 단체로 소풍 나온 듯 합창을 하고, 일몰 시각이 가까이 됐는데도 태양은 아직 기운이 펄펄하다. 흐르는 땀에 내가 먼저 지쳐서 저녁 지을 쌀만 불려 놓고 소파에 가만히 누워 보았다. 선풍기가 맹렬히 돌아가도 '덥구나' 하는 생각이 드니 끔찍스러운 기억이 떠올랐다.

이렇게 강하게 햇볕 내리쬐는 여름날, 10년, 20년을 공사장 상판 철근 위에서 어떻게 일을 했을까? 과연 나에게 다른 선택지가 있었을까? 제대로 배운 것도 없고, 집에 일이 생기면 때때로 날짜를 빼야 했기 때문에 내가 택할 수 있는 일은 건설 현장 일용직 근로자, 말하자면 공사장의 노가다였다. 오직 가정을 위해서 무슨 일이든 해야만 했던 시절, 찬물, 더운물 가릴 여유가 없던 시절이었다. 작업복은 땀에 젖고 또 젖고, 땀이 마른 옷은 허옇게 소금 자국이 났었다. 장마철에는 빗물인지, 땀인지 참 많이도 흘렸다. 눈물이었는지도 모르겠다. 그럼에도 불구하고 내겐 희망이 있었다. 지금은 비록 공사장에서 일하고 있지만, 훗날 나는 누구나 부러워하는 사모님이 될 거야 하고 항상 속으로 혼잣말을 외치면서 살아왔다.

신혼 때의 일이다. 우리에게 월세방을 주던 주인집이 창원 시내 중앙동에 멋진 이층집을 지어 이사 갔다. 중앙동은 번듯한 양옥 주택이 많은 창원의 부촌이었다. 동네 친구와 같이 이사를 도와주러 갔다. 내 눈에 그 이층집이 얼마나 크고 멋있게 보였는지 모른다.

"친구야! 내 형편에 쳐다보지도 못할 이 집이 왜 이렇게 부럽냐? 나는 언제 이런 집에 한번 살아 볼꼬."

친구가 피식 웃었다. 분명 속으로 '위는 쳐다보지 마. 아래만 보고 사는 게 속 편해.' 이랬을 것 같다. 하지만 내 눈은 2층보다 더 위를 향하고 있었다. 그리고 마음속으로 다짐했다. 나도 열심히 벌어서 기필코 이런 집에서 한번 살아 보리라. 아직도 그 멋진 꿈을 이루지는 못했다. 작지만 내 집을 가지고 있으니 꿈에 조금 다가가 있는 셈이긴 하다.

철없던 한때는 어찌나 부러운 것도 많고, 나보다 잘나고 멋진 사람이 많아 보이던지, 나를 늘 '작다'라고만 생각했더랬다. 그리고 남편이 돈을 잘 벌어 오면 내가 이 고생을 안 해도 되는데, 내 삶은 왜 이렇게 힘드냐면서 불만도 가졌다.

 그러던 나의 인생관을 바꾸게 된 계기가 있었다. 젊은 시절, 나는 배움이 짧다 보니 항상 공부에 대한 목마름이 있었다. 그러던 어느 날, 마산에 있는 경남 종합 사회복지관에서 조동춘 교수님의 <사랑받는 아내 프로그램>이라는 강연이 있다는 얘기를 들었다. 누구에게 들었는지 모르겠는데, 속 깊은 곳에서 어떤 열망이 있었던지 그 소식이 바로 내 귀에 꽂혔다. 강의를 꼭 들어 봐야겠다고 생각했다. 창원에서도 가장 구석진 곳에 있던 우리 집에서 마산에 있는 복지관까지 가려면 시간이 한참 걸렸다. 지금은 창원터널이 가까이 있고 신도시처럼 도로가 잘 정비되어 있지만, 우리가 살던 삼정자동이라는 동네는 창원의 끝자락, 버스 종착점이 있는 변두리였다. 복지관 앞까지 곧바로 가는 직행버스가 한 대 있었지만, 차비가 비싸서 안 되겠고, 50분에 한 번 오는 시내버스를 탔다. 시내버스는 노선이 딱 맞지 않기 때문에 근처까지 간 후 또 한참을 걸어야 했다. 그렇게 꾸역꾸역 찾아가 들었던 강의를 지금까지도 잊을 수가 없다. 첫 강의부터 너무 감명을 받아서 매달 교수님이 오시는 날이면 그 먼 길을 한걸음에 달려가곤 했다. 때로는 KBS방송국으로 장소가 바뀌어도 빠지지 않고 찾아가서 들었다. 녹음기까지 사서 테이프가 늘어질 때까지 강의를 들으면서 정말 많은 것을 배웠다. 그때 말씀하셨던 내용을 다 기억할 순 없지만, 중요 부분은 항상 염두에 두고 힘들고 지칠 때마다 떠올리곤 했다.

 나의 머리를 깨우쳐 준 한마디는 "한국 여성들은 거지 근성을 버려라!"였다. 맞다. 난 결혼하면 여자는 살림만 하고 남편이 가정의 모든 경제적 책임을 지는 것인 줄로만 알고 살았다. 그래서 남편이 열심히 벌어 와도 별로 나아지지 않는 살림에 불만을 가졌다. 강의를 듣고 느낀 점은, 받으려고만 하고 스스로 아무 노력도 하지 않으면 마음이 거지라는 것이다. 남편에게 받으려고만 했기에 내 속이 채워지지 않았던 것이다. 또 여자도 자기의 인생을 개척할 줄 알아야 한다는 것이다. 여자니까, 여자라서 못 하는 게 아니라 안 하는 것이라는 점을 깨달았다. 그 이후로는 내 인생에 거지 근성이라는 단어는 끼어들지 못하게 하자고 결심했다. 조동춘 교수님은, 세상 돌아가는 것도 모르고 가정에서 밥만 하고 아이만 잘 키우면 되는 줄로만 알고 있던 나를 강하게 채찍질해 주신 분이어서 가끔 생각난다. 말 한번 못 나눠 본 분이지만 지금까지도 존경하고 있다.

 그렇게 길을 트고 난 후, 나는 기회가 될 때마다 복지관이나 방송국에 명사 강연이 있다는 정보만 얻으면 혼자서도 열심히 들으러 다녔다. 성공하신 분들의 강연을 들으면서 서서히 마음가짐이 바뀌었다. '자기 운명은 스스로 만들어 가는 것이다. 누구 손에도 맡기지 말고, 내 삶의 주인은 내가 되자!'라고.

  내가 변화를 결심하게 된 또 다른 동기가 있다. 우리 주인집 아지매가 나의 또 다른 본보기가 되었다. 밥그릇 몇 개뿐인 우리 집 살림에 비하면, 내 눈에 비친 주인집은 이미 큰 부자였다. 그런데도 주인집 아지매는 우리 동네 입구에 있는 삼성항공 공장부지 조경용 잔디밭에서 잡초 풀 뽑는 일을 하러 가시는 것이다. 결혼 후 몇 년간 남편 등만 쳐다보고 살던 나는 정말 큰 충격을 받았다. 저런 부잣집에서도 돈을 벌겠다고 부지런히 다니시는데 내가 뭐라고 이렇게 집에만 있나. 물론 먹고 놀기만 했던 것은 아니고, 가정에서 할 수 있는 몇백 원짜리 소소한 부업을 하고는 있었지만, 아직 태도가 적극적으로 변한 건 아니었다. 며칠을 입술만 달싹거리다가 나도 일거리를 소개해 달라고 부탁하였다. 아지매가 흔쾌히 나를 데리고 앞장서는데, 그래도 막상 따라가려니 창피하고 모두 나만 쳐다보는 것 같아서 부끄러웠다. 경비실 앞을 지나가는 것도 가슴이 쿵쾅거려 챙모자를 푹 눌러쓰고 다녔다. 그런데 쉬는 시간에 사람들 이야기를 들어 보니 같이 일하는 아지매들 대부분이 좋은 집을 가진 부자였다. 나처럼 젊은 것도 아니고, 돈에 아쉬울 것 없는 저런 분들도 손 놀리지 않고 일하러 다니는데, 월세방 두 개에 한 달, 한 달 겨우 살아가는 내 처지에 자존심을 부릴 때가 아니란 걸 크게 깨달았다.

그중에 어느 부지런한 아지매는 **생명이라는 보험회사에도 다녔다. 하루는 나에게 보험회사에서 치르는 시험을 쳐 보라고 하셨다. 내 학력이 들통날 수도 있었기 때문에 나는 한사코 안 하겠다고 손사래를 쳤다. 거듭 요청하는데 계속 거절하기도 미안했고, 시험 한 번만 치면 차비와 화장지를 준다는 말에 살짝 마음이 흔들렸다. 그러던 차에 보험회사 팀장이 와서는 누구든지 할 수 있다며 나를 큰방 벽에 세워 놓고 사진을 찍어 갔다. 일종의 신분 확인용 증명사진을 찍은 것이었다. 어쩔 수 없이 따라가서 교육을 받고, 시험을 보았는데 떡하니 합격했다.

'어라, 나도 할 수 있네?'

손톱만 한 자신감이 생긴 나는 그 후로도 몇 번 시험을 보았다. 시어머니께 아이를 잠깐 맡겨 놓고 시험 치러 가면 두루마리 휴지, 각 티슈 같은 물품을 한 아름 주니까 살림에 쏠쏠하게 보탬이 되었다. 더 큰 소득은 '어떤 것도 제대로 하지 못하는 나'에서 '무엇이든 가능한 나'로 인식이 점점 바뀌는 것이었다. 학력도 경력도 없으니 늘 주눅 들고 도망치듯 살아왔는데, 세상에 도전할 수 있는 1단계의 시험을 통과한 것 같았다.

가꾸는 여자

Chapter 2

일하러 다닐 때는 정신을 무장하는 내 나름의 철칙이 있었다. 아무리 바빠도 화장을 꼭 하고 다닌다는 것이다. 조동춘 교수님의 강의는 들을 때마다 재미있고, 말씀도 우리 눈높이에 맞추어 쉽게 풀어주셔서 웃다 보면 한 시간이 훌쩍 지나곤 했다. 즐거운 오락 시간 같았지만 돌이켜 보면 그 속에 뼈가 있는 말씀이 많았다. 특히나 아내의 마음가짐, 몸가짐에 대한 말씀이 많았다. 교수님은 절대로 남편 앞에서 헤 하고 풀어지지 말라고 당부하셨다.

"바깥 사회생활이 많은 남편 주위에는 젊고 예쁜 여자들의 유혹이 널려 있다. 제발 집에서 무릎 나온 몸뻬 바지 입고 있지 마라. 나중에 후회하지 말고 자신을 가꿔라. 내면도, 외면도 열심히 가꿔라."

늘 강조하시는 말씀을 외우다시피 들었던 나는 아이 낳고 키우며, 밥이 입으로 들어가는지 코로 들어가는지 모를 만큼 바쁠 때도 되도록 여성스러워지려고 노력했다. 누구의 엄마도 되지만 남편의 아내도 되기에 늘 가꾸는 여자가 되고 싶었다. 이것은 일터에서도 마찬가지였다. 일터에서 일만 잘하면 그만이지 외모가 무슨 상관이냐고 말할 사람도 있을 것이다. 하지만 내 생각에 화장은 우선 남을 대할 때 최소한의 예의를 갖추는 것이고, 외모를 가꿈으로써 그만큼 자신감도 올라간다고 생각한다. 일의 성과와 직접적인 관련은 없어도, 자기 능력을 발휘하는 데에 플러스 알파의 요인이 된다고 생각한다. 허세와 과한 치장을 할 필요는 없지만 단정하고, 깔끔하게 외모를 다듬으면 정신도 비슷하게 무장이 되기 때문이다. 말하자면 여성들의 전투복이라고나 할까. 물론, 출근할 때 아무리 꾸미고 가도 일하다 보면 땀에 젖어 마치 전쟁터에서 돌아오는 패잔병처럼 후줄근해 보였다. 겨울에는 몸이 얼었다 녹았다 해서 얼굴이 엉망진창이 되기도 했다. 그래도 매무새를 다듬고 흐트러지지 않으려고 노력했다.

처음에는 나와 생각이 비슷한 친구하고 둘이서 화장하고 일 다녔는데, 어느 날부터인가 맞은편에서 일하는 분들이 우리보다 더 진하게 화장을 하고 왔다. 그것을 보고 역시 사람의 생각은 전염이 되는구나 하고 생각했다. 이왕이면 발전적인 방향으로, 서로 선한 영향을 주고받으면 좋겠지.

새로운 곳에 일하러 가면 어떤 사람은 "아지매는 미용실 같은 데가 더 어울리겠구마는?" 이랬다. 그러면 난 "이런 일 하는 사람이 따로 있습니까?" 하고 대꾸했다. 꼬아서 생각하면 내가 일을 잘 못할 것 같은가, 일하는데 뭐 하러 그렇게 꾸미고 왔냐는 소리로 들을 수도 있겠지만, 다르게 생각하면 남자처럼 험한 일을 하면서도 기죽지 않는구나, 자기 관리가 잘 되어 있구나 하는 소리로 들을 수 있다. 나는 후자의 삶을 선택하고 싶다.

땀, 눈물, 콧물

Chapter 3

 공사장 일을 처음 시작할 때만 해도 딱 마흔 살까지만 해야지 하고 나갔다. 그런데 하다 보니 그게 안 되었다. 아르바이트처럼 생각하고 가볍게 나갔는데 나중에는 본업이 되었다. 30대 후반에 시작한 건설 현장 일을 쉰일곱 살까지 20년 넘게 했다. 그전에는 공사장 인부들 밥 대는 일을 해 보았는데, 신경이 많이 쓰였던지 몇 달 만에 병이 나서 번 돈이 다 약값으로 나가 버렸다. 재봉 일도 배워 보고, 잔디밭 풀 뽑는 일도 해 보고 방수공사 허드렛일도 하곤 했다. 동네 언니의 소개로 법원 건물에 아스타일 붙이는 일도 해 보았다. 손은 서툴렀지만 어려서부터 공장 일을 했기 때문에 일머리 눈치는 있었던 듯 험한 소리 듣는 경우는 적었다.

이 일 저 일 시도해 보던 차, 창원에 아파트를 많이 지을 거라는 소리를 듣게 되었다. 창원시가 계획도시라서 앞으로 아파트 단지를 크게 조성한다는 것이었다. 마침, 친하게 지내던 동네 친구가 공사장 일을 한다길래 "나도 좀 소개해 줘." 했던 것이 시작이었다. 어떤 일을 할 것인지 정할 때는 나 나름대로 기준이 있었다. 엄마라는 사람은 해가 지고 저녁 밥때가 되기 전에 집에 돌아와 아이들을 돌보아야 한다는 생각이 그것이었다. 그 기준에 따라 일찍 퇴근할 수 있다는 점이 마음에 들어서 하게 된 일이 바로 노가다였다. 배움이 짧았기 때문에 선택의 폭이 좁았던 이유도 있었지만, 내가 일하는 만큼 정당한 수당을 받을 수 있다는 점도 좋았다. 이런저런 이유로 내가 선택한 일이었지만, 혹시라도 아이들이 부끄럽게 여길까 봐 절대로 엄마가 하는 일에 대해서는 학교 선생님께나 친구들에게 말하지 말라고 신신당부했다.

건설 공사는 한 건물이 완공되기까지 전기, 배관, 설비 등 여러 파트의 다양한 인력과 기술이 투입되어야 했다. 나는 까막눈처럼 건설 일에 대해서 아는 바가 없으니, 친구의 도움을 받아야 했다. 그 당시에 나는 몸이 허약해서 비실거렸다. 성장기에 12시간씩 일하고, 공장에서 먹고 자고 했으니 그럴 만도 했다. 고맙게도 나는 실내 전기 파트에서 일을 시작할 수 있었다. 나를 데려간 친구가, 밖은 춥고 위험하니까 자신이 밖에서 일을 할 테니, 나보고는 안에서 작업을 하는 게 좋겠다며 배려해 주었다. 그 친구가 윗사람에게 잘 얘기해 줘서 그것이 가능했다. 나중에는 일이 좀 손에 익어 설비 파트에서 오랫동안 일했다. 건물 내부에 물이 잘 들어가고 잘 빠지게 하는 일, 따뜻한 온수가 잘 돌도록 난방 배관하는 일 등을 보조하는 조공 일이었다. 공사 마무리 시점에는 수전 달기 전에 테프론을 감아 놓고, 기사가 양변기를 설치하고 나면 '백시멘트'로 수제비 반죽을 하듯 해서 양변기 테두리를 깔끔하게 발라 주는 일도 맡았다.

 여름에 챙모자 쓰고, 수건 덮어쓰고, 그 위에 안전모까지 얹은 채 일을 하면 땀인지 콧물인지가 분간이 안 갈 정도로 흘러내렸다. 습하고 뜨겁고, 한낮의 열기 때문에 머리가 멍했다. 설비 일을 시작한 지 얼마 안 되었을 때였는데 동네 언니와 한 팀이 되어 위, 아래 작업을 둘이 같이해서 끝내야 했다. 상판 위에서 하는 일이 많았는데, 그 언니는 햇볕에서 일하면 얼굴에 두드러기 같은 게 올라왔다. 자외선 알레르기였던 모양이다. 어쩔 수 없이 상판 위의 작업은 내가 도맡아 해야 했다. 사실 상판 위에서 하는 작업은 매우 위험한 일이었다. 자칫 헛디디면 바로 추락해서 중상을 입거나 사망할 수도 있는 무서운 일이었다. 게다가 한여름 땡볕에 달구어진 철판 위에서 일을 해야 했으니 뜨겁기도 하고 땀은 땀대로 범벅이 되어서 눈앞을 가렸다. 어질어질하고, 무섭고 두려웠지만, 가족을 생각해서 정신을 차려 가면서 깡다구로 버티고 일했다.

겨울에는 출근하면서부터 손발이 시렸다. 퇴근하고 집에 올 때 보면 손발이 꽁꽁 얼어서 발갛게 되었다. 얼굴은 찬 바람 맞을 때는 시퍼렇게 변했다가 집에 오면 얼었던 얼굴이 녹으면서 술 마신 사람처럼 새빨갛게 달아올랐다. 술도 제대로 못 먹는 나인데 말이다. 추우니까 옷을 많이 입고 다니고, 바람을 피하고자 얼마나 싸맸던지 어떤 때는 같이 일하는 소속 사람끼리도 서로가 못 알아볼 때도 있었다.

공사장에서는 언 손발을 잠깐씩 녹이라고, 화목으로 불 깡통에다 불을 지폈다. 일하는 틈틈이 불을 쬐고 퇴근하면서 작업복을 평상복으로 갈아입어도, 내 코에서는 불 냄새가 많이 났다. 시내버스 안에서는 옆 사람한테 불 냄새를 들킬까 봐 고개를 푹 숙이고 앉아 있곤 했다. 감기라도 걸려 병원에 가면 간호사한테 먼저 "나한테서 불 냄새 납니까?" 하고 멋쩍게 말을 던지곤 했다. 도둑놈 제 발 저린 격이다. 어떤 이가 나에게 뭐라고 한다면 지금 같으면 떳떳하게 왜, 불 냄새 좀 나면 어떠냐고 했을 텐데 그때는 부끄럽고 창피했다. 누가 내 생업을 알까 봐 숨기고 바른대로 말 못 했다.

그래도 시간이 지나면서 마음이 조금씩 단단해지기는 했나 보다. 아파트 입주가 가까워져 한창 마무리 공사로 바쁘던 때 일이다. 한번은 새로 입주하는 주민인 듯 연세가 좀 있어 보이는 분이 통로를 걸어오면서, 백시멘트를 갠 통과 물통을 낑낑거리며 들고 가는 나와 마주쳤다. 하자보수 작업을 하기 위해 가던 길이라 바삐 지나치려는데 쯧쯧 하고 혀를 차는 소리가 들렸다.

"얼굴은 곱상해 보이는구먼, 손에는 노가다 통을 들었네."

이러는 거다. 노가다 초보 시절 같으면 얼굴이 화끈거려서 어디에라도 도망치고 싶은 마음이 들었을지 모른다. 하지만 변변한 기술도 없는 내가 아이들 키우고, 가르치고, 병든 시어머니 모시려면 어쩔 수 없음을 받아들이고 난 뒤에는 마음을 굳게 먹으려고 했다. 정당한 노력을 들여서 내 가족 내가 돌본다는데, 딴지 거는 소리가 들리면 흘려버리고 귀담아듣지 않기로 했다.

힘들지만 이 일이라도 안 끊기고, 오래도록 한 군데서 일할 수 있기를 바랐다. 한 현장에서 일이 끝나면 또 다른 현장으로 일자리를 찾아가야 했으니 철새 같은 신세가 좀 처량하게 느껴질 때도 있었다. 그 덕분에 창원, 마산, 진해, 부산 안 가 본 데 없이 다니긴 했다. 지금도 시내버스를 타고 마산 어시장을 가면 떠오르는 기억이 있다. **은행 리모델링을 하는 공사였는데, 바닥 데코타일 시공하는 보조 일을 하러 삼정자동에서 마산 거의 끝까지 가야 하는 먼 거리를 한 달 동안 다녔다. 내가 살던 동네가 창원의 끝이라 한 대뿐인 버스, 그것도 하루에 몇 번 안 다니는 버스를 타면 출퇴근 시간 맞추기가 어려워서 오토바이 뒤에 타고 다녔다. 같이 일하는 젊은 사람 뒤에 앉아서 그 먼 곳까지 가면서도 무서운 것도 몰랐다. 지금 생각하면 아찔한 일인데 오직 일밖에 모르고 다녔던 것 같다.

요즘은 건설 현장에서 일하는 사람 10분의 1이 여성 근로자라고 하니, 여성이 일하는 여건도 많이 좋아졌을 것 같다. 내가 일하던 때에는 큰 건설회사가 아파트 건설 같은 큰 공사를 할 때는 탈의용 컨테이너도 있고, 간이화장실용 컨테이너도 있어서 그나마 괜찮았다. 그런데 상가 건물 같은 작은 규모의 공사를 할 때는 그러한 여건이 되지 않다 보니, 한쪽 구석에서 서둘러서 옷 갈아입고, 화장실도 남녀가 같이 써야 해서 조금 불편했다. 특히나 화장실에 잠금장치가 잘 안 되어 있으면 맘 편히 앉아 있을 수도 없었다. 열악한 작업 환경도 환경이지만 시답잖게 말을 걸거나 농을 치는 사내가 있어 당혹스러운 경우도 있었다. 늘 같은 사람들하고만 일하는 것이 아니니까, 신규 작업장으로 옮기면 처음부터 새롭게 적응해야 하는 애로사항도 좀 있었다. 그래서 다른 현장으로 옮길 때마다 셀프로 정신을 재무장했다.

직각?

Chapter 4

 보통은 기공(기술자)과 조공(보조자)이 한 조로 일한다. 어디에 가도 그렇겠지만 사람 성격이 다 각양각색이다 보니 함께 일하다 보면 갈등도 생기게 마련이었다. 공사판 일이 힘하기도 하고, 까딱하다가는 다치는 사고도 종종 발생했기 때문에 서로 합이 맞지 않으면 곤란한 경우도 있었다. 조공이 말을 못 알아들으면 기공이 답답해하고, 기공이 꽉 막힌 사람이면 조공이 답답해했다. 배관 같은 일은 힘이 많이 드는 일이어서 여자들은 대부분 조공으로 일해야 했는데, 일하는 햇수가 쌓이다 보니 이건 이렇게, 저건 저렇게 해야 효율적이겠구나 하는 것이 내 눈에도 보였다. 그래도 기공이 본인의 일하는 습관대로만 밀고 나가면 속이 터질 때가 있었다. 작업 속도도 늦어지고 다시 해야 하는 경우도 생겼다. 하지만 나는 조공으로서 기공에게 한 번 얘기해서 받아들이지 않으면 무리해서 내 의견을 내세우지는 않았다. 서로 마음 상해서 조의 팀워크가 깨지면 일이 더 힘들어지니까, 되도록 기공의 의사를 따르려 했다. 물론 그렇지 못한 경우도 있었다.

공사장에서 일한 지 얼마 되지 않았을 때의 일이다. 기공과 둘이 마주 보고 일하며 내가 수평자를 잡아 주어야 할 때, 기공이 자를 직각으로 잡으라고 했다. '직각?' 내가 살짝 헤매면서 몇 초간 뜸을 들였더니 기공이 대뜸 "직각도 모르나? 일곱 살 먹은 우리 아도 아는데." 하며 면박을 주는 게 아닌가. 자격지심인지는 몰라도 순간 열이 나고 자존심이 팍 상했다. "그래, 몰라요. 왜? 가로도 모르고 세로도 몰라요. 그게 어째서요!" 하고 쏘아붙였던 기억이 있다. 그 남자 기공은 나랑 나이가 같아서였는지 유독 많이 부딪혔다. 말도 이쁘게 안 하고, 자기는 그냥 하는 말이겠지만 같은 말이라도 남 빈정 상하게 하는 재주가 있었다. 성질 같아서는 뒤통수를 한 대 치고 싶은 심정이었지만, 그래도 어쩌랴 돈 벌러 온 내가 참아야지.

반면에 고마워서 지금까지 생각나는 사람도 있다. 아파트 건물이 거의 다 올라가고, 마지막 물탱크실이 지어질 때였다. 급수가 들어가기 위한 슬리브와 배수가 되기 위한 슬리브를 끝낸 다음, 내가 못질도 하고, 결속선을 묻어야 하는 과정인데 작업대 높이가 아주 높

앉다. 올라가기에 좀 무서울 정도였다. 선뜻 움직이지 못하고 있는데 그것을 본 목수분이 "무서브믄 내를 딛고 올라가시소." 했다. 어떻게 그러냐니까 괜찮다며 어깨를 내주었다. 일은 해야겠고, 올라가기는 무섭고. 미안했지만, 그분 어깨를 딛고 올라가서 일하고 내려온 적이 있다. 십수 년이 지났는데도 잊히지 않는다. 그런데 아주 오랜만에 그분을 다른 현장에서 만났다. "아지매, 여태까지 일하요? 며칠 하고 그만둘 줄 알았는데 오래 하시네." 했다.

처음 공사장에 갈 때는 무서움, 두려움이 있었다. 그런데 좋으신 분이 많았고, 똑똑하고 배우신 분들도 생각보다 많았다. 나는 일하면서 나보다 낫다고 생각되는 분들의 태도를 배우려고 했다. 생생한 삶의 현장에는 배울 점이 참 많았다. 마음가짐도 그렇고, 일도 그랬다. 예전의 나라면 시작도 하기 전에 포기했을 일도 적극적으로 생각하다 보면, '저 사람이 할 수 있는 일을 나라고 왜 못 하겠나?' 하게 되었다. 일례로 나는 시간만 나면 동파이프 산소 용접을 배웠다. 용접은 땡볕에 안 나가고 실내에서 해도 되었고, 비가 와도 출근해서 돈을 벌 수 있는 일이었기 때문이었다. 요즘은 여성들도 남성 못지않게 다양한 분야에 도전하고 있지만, 그 당시엔 아지매가 산소 용접까지 할 수 있냐고 사람들이 놀라워했다. 내가 가는 현장마다 조금은 화젯거리가 되었다.

한 달뿐인 다짐

Chapter 5

 하지만 정신력이 강해졌다고 내 체력까지 바뀐 것은 아니었다. 성장기에 제대로 먹지 못해 원체 약골인 데다가 몸을 돌보지 않고 일만 하다 보니 언젠가부터 온몸이 구석구석 아프기 시작했다. 처음에는 잇몸이 너무 아팠다. 몇 년 동안은 추운 곳에서 따뜻한 곳으로 곧장 가지도 못했다. 추운 곳에서 일하다가 따뜻한 장소로 바로 들어가면 잇몸이 너무 아파서, 실내로 들어가는 것이 무서울 정도였다. 치과에 가서 검사를 받아 보아도 별다른 이상은 없고, 풍치라고만 하는데 몇 년간 아픔을 참고 오로지 정신력 하나로 버텨 냈다. 제일 힘들었던 것은 추운 겨울에 벌벌 떨면서 일하고 난 뒤, 점심시간에 밥을 먹을 때에 국물을 마실 수 없다는 점이었다. 뜨끈한 국물로 몸을 녹이고 싶었지만, 잇몸이 너무 아파서 먹을 수가 없었다.

누구한테 말도 못 하고 혼자서 고충이 많았다. 그렇게 낮 동안 제대로 녹이지 못한 몸은 일이 끝나는 저녁 무렵엔 동태같이 딱딱하게 굳어 있기 일쑤였다.

 근데 이번에는 눈이 아프기 시작했다. 날이 따뜻할 때는 서둘러 점심 먹은 후 잠깐 틈을 내어 그늘진 곳에 박스 조각을 깔고 쪽잠을 잘 수가 있었는데, 눈이 아프다 보니 쉴 수가 없었다. 눈을 감아도 아프고, 떠도 아파서 그 잠깐의 시간도 참기가 힘들었다. 일할 때는 온 신경을 일에만 집중했기 때문에 아픈 것도 잊고 있다가, 쉬는 시간이 되면 견디기가 어려웠다. 안과에 가서 검사를 해 보아도 역시나 이상이 없다고 했다. 의사가 이상이 없다고 하면 그것으로 그만이었다. 이유도 모른 채 홀로 고통스러웠지만 내 몸을 돌볼 수 있는 여유가 없었다.

 40대부터는 무릎도 아파 왔다. 자존심이 세었던 나는 다른 사람들 눈에 절뚝거리는 모습을 보이기 싫어서 진통제를 비롯한 여러 가지 약을 참 많이도 먹었다. 머리에는 안전모를, 발에는 안전화를 신고, 무릎이 아파서 눈물이 나는데도 남들 보기에 똑바로 걷고 싶어서 애쓰는 모습이 어쩌다가 창에 비치면 고개를 돌렸다. 아무리 용을 써도 부자연스러운 걸음걸이를 나 스스로도 바라보기 싫었다. 계속 진통제를 먹고 연골 주사를 맞으면서 몇 년을 버티며 지내다 보니 다리가 퉁퉁 부어 발목조차 보이지 않게 되었고 나중에는 짧은 거리조차 잘 걸을 수 없게 되었다. 40대면 젊은 나이인데도 벌써 내 몸은 어느 순간 퉁퉁 부으면서 얼굴도 울퉁불퉁 이상하게 변해 갔다.
 어느 날 딸이 "엄마, 아무래도 스테로이드 부작용 같아. 약을 그만 끊어 보자."라고 하는데, 그 약들을 안 먹을 수는 없었다. 왜냐하면 계속 일을 해야 했기 때문이었다. 내가 하루라도 안 나가면 일당이 안 나오게 되고, 그 일당들이 부족하게 되면 당장 생활이 어긋나기 때문에 난 쉴 수가 없었다.

 그렇게 근 10년을 잇몸이 아프고 눈도 아프고 무릎관절이 아픈 상태에서 오로지 약 기운과 정신력으로 버티고 버텨 냈다. 그러다가 결국은 쉰 살 때 무릎 시술이라는 것을 받게 되었다.
'무릎 관절경 시술만 하면 더는 무릎이 아프지 않겠지? 그러면 내가 더 잘 움직여서 일도 더 잘 해내겠지? 의사 선생님이 딱 1개월만 고생하라고 했으니 그 시간만 버텨보자.'
 한 달 반이 지나면 뛰어다닐 수도 있다는 의사 선생님의 말씀에 큰 결심을 했다. 수술하기로 하고 무릎을 정밀 검사해 보니 염증 때문에 생각보다 상태가 더 엉망이라고 했다. 관절경을 통해서 염증을 긁어내었다. 이상하게도 염증을 긁어내는 시술을 했으면 더 이상 아프지 않고 날아다닐 줄 알았는데, 퇴행성 관절염이 남아 있어서 그랬는지 무릎이 계속, 계속 아팠다. 일을 많이 해서 몸이 아픈 것도 서러운데, 병원에 입원해 있는 동안 내 마음이 더 아팠던 것 같다. 입원실 창문 밖을 무심코 내다보는데, 폐지 줍는 할아버지가 리어카에 폐지를 담고 끌고 가시는 게 보였다. 그 할아버지가 그렇게 부러울 수가 없었다.

'저 할아버지는 저렇게 두 다리로 걸어 다니시는데 난 걸을 수가 없네.'

 할아버지는 당장 생활비가 없어서 폐지를 줍느라 고생하는 것일 테지만 꼼짝없이 누워 있는 내 눈에는 그저 부럽게만 보였다. 만약에 다리가 나아서 다시 걷게 된다면 이제는 아등바등하지 말고, 남들처럼 여행도 다니면서 나도 그렇게 한번 살아 보리라고 다짐했다. 그토록 굳게 마음을 먹었으나 다리가 채 낫기도 전에 일을 시작해야 했다. 눈앞에 보이는 현실 때문에 나는 예전과 똑같은 일상으로 돌아갈 수밖에 없었다.

내가 없는 세상

Chapter 6

　건설 경기가 안 좋으니, 일거리가 줄어서 자의 반, 타의 반으로 일을 그만두게 되었다. 집에 있어도 통증으로 괴로운 날들이 계속되었는데, 가족들이 이제부터라도 본격적으로 치료를 시작해 보자고 했다. 벌써 나이가 예순 가까이 되었으니 호전이 될까 싶었는데, 다행히도 너무 늦지 않았던지 서서히 눈이 편해지고 잇몸도 어느 순간부터 괜찮아지기 시작했다. 딸이 운영하는 한의원에서 계속 무릎에 침도 맞고 관리를 받았더니 걷는 것도 조금 수월해졌다. 예전보다 힘겹지 않게 걷는 나를 보고는 간호사들이 이제 좀 사람이 된 것 같다고 해서 같이 웃었다. 나중에 알고 보니 나의 증상 대부분은 피로가 한계치를 넘어 과다하게 누적된 것이 원인이었다.

나는 이 가정을 온전히 지키기 위해서 살았다. 겉으로는 밝은 웃음을 지었지만, 속으로는 눈물을 삼키며 지내 왔다. 경제적인 어려움, 시어머니 병시중, 악화한 건강 상태 등이 내 눈물의 발원지였다. 나 나름대로는 매 순간 최선의 노력을 하며 살았음에도 때때로 절벽 앞에 선 듯한 막막함을 느낄 때가 있었다. 현실도 녹록지 않았지만 어떻게 보면, 나 스스로 편하게 지내지 못했던 점도 없잖아 있었다. 친구들 모임이 있는 날도 가족들 저녁밥을 차려 준 뒤에야 나갈 수 있었다. 저녁밥을 차려 주지 않고 나간다고 누가 뭐라는 것도 아닌데 나 스스로 저녁을 주지 않고 어디에 가 본 적은 없는 것 같다. 남편이든 시어머니이든 다 큰 어른들이니까 그냥 편하게 맡겨도 될 만한 일들도 모든 걸 내가 다 해야 한다는 강박관념이 있었다. 어쩌면 살짝 정상이 아닌 것도 같았다. 정서적으로 뭔가 결핍이 있었다. 그래서인지 그동안 제풀에 지칠 때까지 내 몸을 들들 볶으며 살아 왔다. 몸이 힘들어야 '오늘도 밥값은 했구나!' 하는 생각이 들었다. 내가 중요하다는 생각은 미뤄 놓고, 하루하루 살아내는 것에 급급했다. 나의 안위보다 가족이 편하면 덩달아 나도 행복하다고 느꼈다. 여태껏 상대방 입장만 생각하고 살았다. 나라는 사람은 없었다.

 위태위태하게 걸어가다가 앞으로 고꾸라지고 나서야 생각이 들었다. 각자가 감당해야 할 몫이 있는데 왜 모든 짐을 혼자 짊어지려고 했을까? 왜 나를 누르고만 살았던 걸까? 내가 살아온 방식이 정답이라 믿고 참 열심히 살았지만 지나고 보니 그것이 100% 옳았던 것은 아니었나 보다.

 어떤 책을 보니까 나 없이는 이 세상도 없다고 적혀 있었다. 다행히 우리 아이들이 부모가 안 시켜도 자기 할 일 잘해 주어서 그 덕분에 버틸 수는 있었지만, 정말 나는 내 인생에 만족했나 자문해 보았다. 남들한테 이기적이라는 소리를 들으면 좀 어때. 내가 나를 좀 위해 주면 어때. 자신이 무엇을 원하는지 안다면, 그래서 진정 행복해진다면 그런 나를 보는 가족들도 더 행복해지지 않을까. 내일 어떻게 될지 아무도 모르는 것이 인생 아닌가.
 친구들 모임에서 노래방이라도 가게 되면 내가 주로 부르는 노래가 있다.

"내 살아온 길을 묻지를 마라.
 비바람을 헤치고 왔다.
 거치른 길을 달려왔다."

 내 삶을 그대로 읊어 주는 것 같아서 즐겨 불렀다. 나는 열다섯 살 때 소녀 가장이 되어 과자 공장 일을 하기 시작해서 쉰일곱 살에 공사장 일용직을 그만두기까지 40년 넘는 세월을 하루살이같이 하루하루 버티고 견뎌 왔다. 생각하면 아찔했던 적도 많았다. 격하게 표현하면 목숨 걸고 다녔다. 공사장에서 일하는 동료들끼리 하는 이야기가 누구 엄마 노가다 일하다 다쳤대, 누구 엄마는 노가다 일하다 죽었대, 이런 소리를 우리는 듣지 말자는 거였다. 노가다 일한다고 하면 사회적으로 낮은 인식에, 어떨 때는 동정하는 눈빛을 받고, 어떨 때는 이유 없이 치이고 무시당하는 것도 억울한데 내 소중한 건강마저 바치지 말자고 서로 다독였다. 정신 단디 차리고 세상 억울해서라도 더 잘살아 보자고 했다. 우리도 사랑받기 위해 태어난 사람이니까.

 별로 성한 곳은 없지만 이 정도라도 나를 지켜 낸 것이 다행이라고 생각한다. 이렇게 저렇게 포기하지 않고 달려온 덕분에 오늘, 여기에 내가 있다. 더 늦기 전에 이제부터라도 나를 위해 살아 보면 어떨까? 인생 2막에 진짜 나를 찾아가는 여행을 시작해 보면 어떨까?

Part 05

안녕하세요, 숙희샘!

배움의
첫걸음

Chapter 1

　대구에서 진해까지 학교 동기들이 대게 먹는다고 봉고차를 대여해서 왔다. 저녁엔 장목에 있는 딸네 전원주택에서 1박을 하고, 교수님도 모셔 와서 즐거운 시간을 보냈다. 딸이 우리 엄마도 학교 동기가 있고, 동기들 만나서 행복해하니까 자기도 너무 기분이 좋다고 한다. 그래, 이게 사람 사는 맛인 게지. 이날 남편은 연차까지 내면서 기사 노릇을 톡톡히 해 주었다. 모두 내가 착한 남편을 만났다고 했다.

　난 동창생이 없었다. 학교를 못 다녔으니까. 사람들이 동창 모임 이야기를 할 때면 할 말이 없었다. 그들이 신이 나서 이야기할 때 그 대화에 낄 수 없던 나는 소외된 기분이었고, 얼른 이야기 주제가 바뀌기를 바랐다. 한없이 부럽고 초라했다. 공사장에서 일한다는 사실보다, 배우지 못했음이, 학벌이 낮음이 더 부끄러웠다.

 평생 꿈에서라도 받고 싶었던 졸업장. 일터로 가는 길에 검정고시 학원 간판을 볼 때마다 지금 내가 일하러 가는 것이 아니고 저기 학원에 가는 길이면 얼마나 좋을까 하는 생각을 했었다. 그런 상상만으로도 기분이 좋아졌다. 그런데 국민학교 졸업도 못 했으니 갈 수도 없고, 누가 볼까 봐 걱정도 되고. 그러나 언젠가는 꼭 넘어야 할 산이라고 생각했다. 마음에 항상 숙제를 안고 있었는데, 이웃에 사는 미자 언니가 환갑이 된 기념으로 심리상담사 자격증을 땄다고 말했다. 어떻게 땄느냐고 물으니 인터넷 강의로 땄다는 것이다. 그 소리를 듣는 순간 막혔던 가슴이 뻥 뚫리는 것 같았다.

 '아! 이거다. 그동안 난 왜 꼭 검정고시 학원을 가야 한다고만 생각했을까. 인터넷 강의로 공부하면 아무도 모르게 할 수 있는 것을….'

 사실 내 공부의 첫발은 헬로우 왕초보 영어학원 다니는 것으로 시작되었다. 딸이 부산에 있는 한방병원에서 수련의 과정을 밟고 있을 때다. OFF 날이라고 집에 온 어느 날, 창원시청 로터리 부근에 있는 이마트에서 같이 찬거리를 사다가 뜬금없이 "엄마는 뭐가 제일 하고 싶어?" 하고 물었다. 원래는 검정고시 학원에 다니고 싶었지만, 그때까지 자식들 앞에서 내가 국민학교 중퇴라는 말을 하지 않았기 때문에 그냥 영어를 배우고 싶다고 말했다. 최소한 영어로 쓰인 간판이라도 좀 알아볼 수 있으면 덜 답답하겠다고 했다. 말이 떨어지자마자 딸이 내 손을 이끌었다.

"엄마! 바로 가자! 저기 정우상가에 왕초보 영어학원이라고 있더라. 우리 지금 바로 가자!"

"ABCD도 다 모르는데 어디를 가냐. 아직 일도 하고 있고. 담에 할게."

"아냐, 지금 아니면 또 언제 가게 될지 몰라. 당장 가 보자."

그렇게 딸에게 손이 잡혀 영어학원에 갔다. 딸은 그 자리에서 바로 등록을 해 버렸다. 원장님께서 나 같은 학생도 받아 주시겠다 하고, 이미 결제된 수강료를 무를 수도 없는 노릇이어서 갑자기 생각도 못 한 공부를 시작하게 되었다.

아침 7시에 나가서 저녁 5시까지 공사장에서 설비 아지매로 일하고 땀에 젖은 상태로, 정신이 몽롱한 상태로, 황태 눈을 한 상태로 왕초보 영어학원에 갔다. 사실 너무 힘든 시간이긴 했다. 겨울 삭풍이 불어 대는 공사장에서 일하고 나면 몸이 꽁꽁 얼어붙었다. 빚 갚을 돈을 벌어야 하므로 꾸역꾸역 출근하고, 쉬는 시간 틈틈이 깡통 화목 난로 곁에 서 보지만, 몸을 녹이기에는 언 발에 오줌 누기 정도밖에 되지 않았다. 철판 위로 자재 나르고, 하루에도 수십 차례 기공에게 필요한 공구 챙겨 계단 오르내리고, 용접도 하고, 이런저런 보조 일을 하다 보면 체력이 바닥나 버렸다. 한 시간가량 버스 타고 오다 보면 눈이 반쯤 풀어졌다. 무릎은 말을 안 듣지, 허리는 아프지, 어깨도 빠질 것 같지…. 그런 상태일지라도 엄마를 생각해서 자식이 등록해 준 학원을 어찌 빠질 수 있으랴. 하루에 한 글자만이라도 배우자 하는 생각으로 꾸역꾸역 공부하러 갔다. 학원 실내는 따뜻하니까 언 몸이 노곤해지며, 자리에 앉기만 하면 피곤함이 몰려와 눈앞이 가물거렸다.

그래도 알파벳 대문자, 소문자 하나씩 알아 가는 기쁨이 커서 참 열심히 다녔다. 그동안 눈을 가리고 캄캄한 밤길을 어찌 걸어왔을까 하는 생각이 들었다. 모르던 외국 글자가 읽히기 시작하니 나의 앞길에 작은 촛불이 켜지고 있는 것 같은 생각도 들었다. 내가 처음 읽은 영어 간판은 adidas였다. 파닉스가 좀 어려웠는데 '아디'까지 읽고 난 후, 무엇을 파는 상점인지 보았더니 스포츠용품점이었다.
'아, 그럼… 이게 아디다스라는 거구나!'
세상에, 심 봉사 눈뜨는 기분이 이랬을까.

그때 이미 내 나이 50대 후반이었다. 요즘 하는 우스갯소리로 늦었다고 생각할 때가, 진짜 늦은 때라고 말하지만, 아무것도 못 할 나이는 결코 아니었다. 느릴지언정 포기만 하지 않으면 된다. 내 배움의 첫걸음은 그렇게 시작되었다.

나만의 독서실

Chapter 2

너무너무 간절한 세월이었다. 간절했던 만큼 욕심도 있었다. 책도 30대 중반에 마음 다독이려고 스님이 쓰신 수필집을 읽은 것을 계기로 한 달에 1권 정도는 읽으려 노력했다. 이광수의 『흙』, 이원수의 『사랑』 같은 책을 보며 소설 속 주인공이 되어 울고 웃고, 행복한 꿈을 꾸었다. 두고두고 몇 번을 읽었던 책은 김난도 님의 『천 번을 흔들려야 어른이 된다』라는 책이다. 박경리 님의 『토지』, 『김약국의 딸들』과 『산타 에비타』란 소설도 기억에 남는다.

나는 옷이나 가방은 돈이 아까워서 못 사도 책 사는 돈은 아깝지 않았다. 책에 대해서만은 욕심을 부렸다. 읽다 보니 자연스레 몸에 배어 도서관도 자주 들르게 되었다. 무엇이 되었든 매일 무조건 한

줄의 글이라도 읽으려 했다. 읽을 것이 없을 때는 아이들 교과서도 읽고, 잡지, 심지어 만화책도 보았다. 딸이 한의대 공부하면서 가져다 놓은 『십팔사략』도 보고, 전공 서적도 떠듬떠듬 들춰 보았다. 뜻은 몰랐어도 배움에 대한 열망으로 읽을 수 있는 글자만 있으면 그저 읽고 또 읽었다. 아이들이 초등학교부터 대학교를 마칠 때까지 졸업장을 하나씩 받을 때마다 나도 같이 자라고 있었다.

집에는 책 읽는 나만의 공간이 있는데 어디인고 하니 바로 안방에 딸린 작은 화장실이었다. 해야 할 일이 많았던 나는 느긋하게 책상에 앉아 있을 틈이 별로 없었다. 그나마 숨 돌릴 수 있는 시간은 화장실 가는 시간뿐이었다. 왕초보 영어학원에 다니다가 방문 학습지로 바꾸고 난 뒤 나는 화장실에서 숙제도 하고, 책도 읽었다. 이 공간은 나에게 조용하고 아늑한 독서실 같은 곳이었다. 예전에 들은 소리로, 어떤 수재의 영어 공부 비법인데 화장실에서 볼일 보는 동안 영어사전을 한 장 외우고, 나올 때 그 부분을 찢어 종이를 씹어 먹었다고 했다. 진짜인지는 모르겠으나 집중하기에 그만한 장소가 없는 것은 사실인 것 같다.

202*년 11월 6일
이제는 몸도 마음도 늙어서 조금만 일해도 지친다.
뭐든 하고 싶은 열정은 아직 남아 있다.

내 몸이 내 생각대로 안 되는 게 아쉽다.
지금도 일주일에 한 번씩 재능 영어 선생님이 오신다.
들어도 금방 헷갈린다.
저녁 9시에 오시면 하루의 피로가 확 몰리는 시간대라서 비몽사몽 간에 공부한다.
그래도 안 하는 것보다는 나은 것 같다.
오후나 초저녁 시간에는 공부하는 학생들 위주로 가르쳐야 하니깐 우리 집에는 저녁 9시에 오신다.
나 때문에 선생님이 늦게까지 고생하시는 것 같아 미안해서 그만하겠다고 하니깐
선생님이 아니라고 괜찮다고 하신다. 그런 선생님이 또 고마워서 열심히 해야 한다.

 가계부 한쪽에 하루의 일과와 감상을 몇 줄씩 적어 놓았다. 고된 하루를 잘 보낸 나를 토닥토닥 위로하기도 하고, 피곤하다고 늘어지지 않도록 결심도 다잡았다. 어떤 날은 투덜거리기도 했다. 이것저것 시시콜콜 적다 보면, 열심히 하고 싶은 마음이 새로 생겨 조금씩 앞으로 나아갈 수 있었다.

장벽을 넘다

Chapter 3

"나 사실 국민학교 중퇴야."

 이 소리를 할 수가 없어 기나긴 세월 동안 혼자 가슴앓이를 했다. 내가 처음으로 가족들에게 중퇴했다고 고백하던 날, 나 개인적으로는 하늘이 무너지는 듯 자존심이 상하고 창피했다. 아이들이 "난 엄마가 그런 줄 전혀 못 느꼈어." 하는 말이 조금 위로가 되긴 했다.

 내게 초등 졸업장도 없다는 것을 뒤늦게 안 딸이 검정고시를 보면 된다면서 필요한 서류를 꼼꼼히 알아봐 주었다. 우물쭈물하는 내 손을 잡고 우리 아파트 단지 내에 있는 남양초등학교로 데리고 가서 "우리 엄마가 이러저러하니 안동에 있는 옛날 학교에 전화해서 팩스 좀 받아 주세요!"라고 했다. 딸이 너무나도 고맙기도 하고, 내 모습이 부끄럽기도 하고 진짜 진짜 창피했다. 서류를 받아 들고 교육청에 제출하러 가는데 혹시나 아는 사람이라도 만날까 봐 부리나케 내고 나왔다. 그길로 초등학교 검정고시 준비 문제집을 사서 집에서 찬찬히 읽어보면서 혼자 공부하고는 단번에 합격했다.

 초졸이란 허들을 넘는 데 얼마나 오랜 시간이 걸렸는지 모른다. 넘을 방법이 있다 해도 부끄럽고 창피해서 어디에 묻지도 못하고 혼자 끙끙거렸다. 그렇게 수십 년 동안 가슴에 묻어 놨던 일을 단박에 해결해 주다니 딸이 너무 고맙고, 정말 멋져 보였다.
"이제부터 시작하면 돼. 잘할 수 있어!"
 자라면서 부모님께 듣고 싶었던 말을 딸이 내게 해 주었다.

 초등 검정고시 시험장에 갔는데 하필 공사장에서 봤던 어떤 남자분도 시험 보러 왔다. 그 사람 눈에 띄지 않으려고 고개를 푹 숙이고 들어갔다. 중등 검정고시 때에도 역시 마찬가지로 누군가의 눈에 뜨이지 않기 위해 챙모자를 눌러쓰고 갔다. 그런데 이상하다. 고등 검정고시 때에는 '이제는 누가 봐도 괜찮아.' 하는 심정이 되었다. 초졸 준비 때나 고졸 준비 때나 아무것도 아는 것이 없다는 것은 매한가지였는데 마음만큼은 달라졌다. 초등, 중등 졸업증서 달랑 2개가 있었을 뿐인데, 스스로 여기까지 왔다는 자신감에 조금은 당당해진 내 모습이 참 좋았다.

기억해 보면 고등 검정고시를 준비할 때는 정말 힘이 들었다. 중등까지는 기출 문제도 풀고, 인터넷 강의도 들으며 독학할 수 있었는데 고등 검정고시는 인터넷 강의만으로는 도저히 자신이 없었다. 그래서 검정고시 학원에 들어갔다. 이 역시 딸이 등록해 주었다. 그동안은 엄마, 아빠가 지원해 주셨으니, 이제부터는 자기가 내 공부를 지원해 주겠다고 했다. 국어나 역사는 어느 정도 이해가 되었는데 수학만큼은 정말 어려웠다. 기초가 하나도 없으니 수학 공식이 외계어로 들리는 수준이었다.

 전기 기사 자격증이 있는 남편은 지금까지도 어려운 방정식을 척척 풀어낼 만큼 수학을 잘하는데, 쉬운 문제 갖고도 끙끙거리는 나를 보더니 수학 과외 선생님이 되어 주겠다고 자청했다. 우리 부부는 저녁을 먹은 후 매일 밥상을 펴 놓고 자정까지 공부했다. 인수분해며 함수 등, 설명을 듣긴 들었지만 어려워서 이해가 잘 되지 않았다. 남편은 공책에 공식을 주욱 적어 주고는 외우라며 숙제를 내 주고, 다음 날이 되면 숙제를 확인했다. 나는 그 공식이 어떻게 해서 나오게 되었으며, 어디에 쓰이는지 전혀 이해되지도 않는데 남편은 무작정 외우라고 다그쳤다. 공식을 암기하지 못해서 더듬거리면 남편은 공식도 외우지 않고 어떻게 문제를 풀겠느냐고 버럭하고, 난 나대로 공식이 이해가 안 되는데 어떻게 외우겠느냐고 화내고. 그렇게 티격태격했다. 순간적으로 '아유, 치사해서 당신한테 안 배워!' 하고픈 것을 꾹 참았다. 피곤함도 잊고 가르쳐 주는 남편의 기분을 망치고 싶지 않았다.

 검정고시 학원에서의 일이다. 수학 시간에 선생님께서 공식을 설명하면서 "이러이러하고 저러저러하니 이렇게 하기로 약속했습니다."라고 하셨다. 한 친구가 손을 번쩍 들더니 "그 약속을 누구랑 했어요?" 물었다.
선생님은 순간 머리가 띵 하는지 손으로 이마를 짚으시더니 "전 세계적으로 이러자고 약속을 했습니다." 하셨다.
교실 안에 한바탕 웃음이 쏟아졌다. 사실 나도 그 질문을 하고 싶었는데, 그 친구 덕분에 속이 시원해졌다. 우리 남편은 그 말을 해 주지 않고, 무작정 외우라고만 하니 내가 답답할 수밖에. >.<
 그래도 남편은 참 고마운 사람이다. 낮에 힘들게 회사에서 기름때 묻혀 가면서 일하고, 저녁에 돌아와서는 어떻게든 나를 가르쳐 볼 거라고 서너 시간씩 앉아 있는 것을 보면, 내가 결혼을 잘했구나, 이런 남편이 어디 있겠는가 하는 생각이 들었다.
 남편에게 조금이라도 과외를 받고 학원에서 수업을 들으니 조금씩 이해가 되었다. 재밌는 것은, 막상 검정고시 시험을 본 결과는, 인터넷 강의로 혼자 공부하며 찍어서 맞춘 시험성적과, 과외도 받고 학원도 다니면서 제대로 배워서 맞춘 시험성적이 똑같았다는 것이다. 남편은 나를 놀려 댔다. 그렇게 힘들게 가르쳐 주었는데 어떻게 성적이 똑같을 수 있냐고. 나는 그렇게 생각하지 않았다. 비록 성적은 같을지라도 이전에는 모르고 그냥 찍었던 거고, 이번에는 몰랐던 부분들을 좀 더 이해하고 알고 풀었으니 분명 나는 발전한 것으로 생각했다. 과학은 원리를 알게 되면서 재미가 붙었고, 역사 공부는 TV에서 역사드라마를 본 것이 많은 도움이 되었다.

 고등학교 졸업 자격이 인정되는 검정고시 합격 발표가 났을 때 나는 천하를 얻은 기분이었다. 나도 이제 무엇이든지 내가 하고자 하는 것을 해 볼 수 있는 자격이 되었다는 그 기쁨은 이루 말할 수 없을 정도였다. 이제는 이력서에 "고졸"이라고 당당히 적을 수 있게 되었다. 요즘에야 "고졸"이라는 자격은 공부를 잘하든, 못하든 학교에 꾸준하게 다니기만 하면 쉽게 얻을 수 있는 자격이지만, 내게는 너무 높은 장벽이었다. 스스로 해냈다는 뿌듯함과 함께 그동안 느낀 적 없는 진정한 충만감이 들었다.

꿈의
학교

Chapter 4

 일과 공부를 병행하다가 갑자기 공사장 일을 그만두게 되었다. 정확하게는 고등 검정고시를 준비하던 때이다. 건설 경기가 불황을 겪으면서 구인이 뜸해져 조금 쉬다가 다시 나오라는 통지를 받았다. 생활에 여유를 부릴 처지는 아니어서 얼른 다른 일이라도 구해야겠다 싶었는데, 워낙 다리가 아파 겨우 30분 정도밖에 못 걸을 정도로 몸이 안 좋다 보니 가족들이 말렸다. 평생 일만 하다가 반강제적으로 몇 주 쉬고 있으려니 왠지 어색했다. 몸 쓰는 일 말고 뭐라도 내가 할 수 있는 것이 없을까 하던 차에, 사위가 그렇다면 부동산 공인중개사 공부를 해 보는 것이 어떻겠냐고 했다. 합격하기만 한다면 작은 사무실이라도 차려 주겠다는 고마운 소리를 했다. 엎어진 김에 쉬어 가랬다고, 이렇게 짬이 생겼을 때 자격증에 도전해 볼까 싶은 마음도 없잖아 있긴 했다. 그러나 나의 진짜 속마음은 대학을 가고 싶다는 것이었다. 섬유 공장에 들어가기 위해 이력서를 낼 때, 거짓으로 중학교 졸업이라고 쓰던 내 모습이 눈에 아른거렸다. 누가 볼까 봐 두근거렸던 그 순간에 나는 꼭 대학 문턱을 밟아보리라 결심했었다. 38년 전 일이지만 그 결심은 한 번도 변한 적이 없었다.

 가족들의 든든한 지지 속에 내 나이 쉰아홉 살 때 드디어 꿈에 그리던 대학교에 입학 지원서를 냈다. 자식들은 각자 결혼해서 자리 잡고 잘살고 있으니, 이제부터 엄마는 엄마만 생각하라는 아들, 딸의 말이 가장 큰 응원이 되었다. 수능을 볼 정도의 실력은 아니었기 때문에, 만학도들이 지원할 수 있는 2년제 대학교 주말반에 원서를 넣었다. 나와 같은 어려움을 겪는 사람, 몸과 마음이 피폐해진 사람에게 따뜻함과 용기를 불어넣어 줄 수 있는 전문 지식을 배우고 싶어서 경북 경산에 있는 영남외국어대학교 보육복지상담과에 입학하였다. 졸업과 동시에 보육교사 2급과 사회복지사 2급 자격증을 취득할 수 있기 때문에 상담사가 되고 싶은 내 꿈에 가까이 갈 수 있는 곳이었다.
 대학 오리엔테이션 날 자기소개 시간이 있었다. 한 사람씩 나와 간단한 자기소개와 이 대학교에 어떻게 오게 되었는가를 말하는 시간이었다. 누구는 어느 대학교, 어느 과를 전공했는데 더 공부하고 싶어서 왔다고 했고, 누구는 사회복지사가 되고 싶어서 왔다고 했다. 드디어 내 차례가 되었다. 나는 그저 한마디밖에 못 했다.

"그냥 대학에 오고 싶어서 왔어요."

지금 같으면 나의 꿈과 지원 동기, 앞으로의 비전까지 좀 더 유창하게 말할 수 있을 텐데, 그때는 더 이상의 어떠한 말도 생각나지 않았다. 그래, 맞다. 난 그저 대학을 가고 싶었다. 다른 거창한 꿈이 있었던 것이 아니었다. 오로지 대학을 가고 싶었다. 그 꿈이 이뤄진 첫날 내게 더 이상 무슨 말이 필요했겠는가. 그 한마디가 전부를 말해 주었다.

"이숙희!"

출석 체크를 하는 담당 교수님이 계시고, 학우가 생기고, MT라는 대학 문화도 접하게 되면서 꿈속을 걷는 듯한 묘한 기분이 들었다. 이게 꿈이면 어떻고, 생시면 어떠랴. 평생의 소원이 이루어진 이 순간을 맘껏 즐겨 보리라.

 마음은 날아갈 것 같은데도, 무언가 모르게 불편한 마음도 있었다. 국민학교 4학년도 다 못 마쳤던 짧은 학창 시절에서 중간은 건너뛰고 바로 대학 생활로 가다 보니 모든 것이 어색하고 생소해서 그랬던 것 같다. 나는 겨우 이름만 쓰는 수준인데 동기들은 순탄하게 고등교육을 마치고 와서 그런지 모든 것을 다 잘하는 것으로 보였다. 프로이드, 에릭슨, 피아제 같은 학자의 이름을 머리털 나고 처음 들은 사람은 나뿐인 것 같고, 혼자만 어리버리해 보였다. 그때 누가 나를 보았다면 두메산골에서 올라온 촌년이 도시의 사거리 한복판에 서 있는 듯한 그런 모습이었으리라.

 너무 뭘 모르니 창피하긴 했지만 학력을 숨기던 때와 비교하면 이런 창피함은 아무것도 아니라고 생각을 다잡았다. 두렵지도 않았다. 남들보다 두 배 늦었다면 내가 세 배, 네 배 더 열심히 할 각오는 하고 있었다. 차츰 알아듣는 용어가 늘어나면서 수업시간이 즐거워졌다. 하루하루가 새로웠다.

 공부는 어려워도 어깨너머로 눈치껏 따라갔는데, 다른 어려움이 좀 있었다. 만학도 반이다 보니 나보다 언니도 계셨다. 내가 동기 중에서 세 번째로 나이가 많았는데 다른 젊은 학우들 틈에서 나름대로 잘 어울려 보려고 노력했다. 마음만은 그랬다. 그런데 20년이라는 세월 동안 공사 현장에서 대부분이 남자인 틈에서 일하고, 작업에 관한 짧은 대화만 하다 보니, 막상 여자들과 만나면 어떤 주제로, 어떻게 대화를 이어 나가야 할지 그것이 어려웠다. 쉬는 시간에 삼삼오오 모여서 이야기를 하는데 나는 딱히 할 얘기가 없었다. 어떤 말을 꺼내야 할지, 요즘 화젯거리가 무엇인지 전혀 파악되지 않았다. 하물며 동네 목욕탕에서도 마찬가지였다. 한창 공사장에 일 다닐 때는 목욕탕엘 가면, 보통 저녁 문 닫는 시간에 촉박하게 갔기 때문에 사람들과 얘기를 나눌 틈도 없이 후다닥 씻고 나오곤 했다.

그래서 별 불편한 것을 못 느꼈는데 일을 그만두고 낮에 목욕탕에 가 보니 자연스럽게 옆 사람과 이야기하게 되었고 그 속에서 대화를 이어 나가기가 힘들어서 나름 고생했다. 대화하다가 못 알아듣는 것은 그냥 대충 웃으면서 넘겼다.

좌충우돌
신입생

Chapter 5

　1학년 때의 일이다. 몇 명씩 조를 짜서 PPT 자료를 만들어서 발표하는 과제가 있었다. 난 PPT라는 말이 무엇인지도 모르고, 내용도 제대로 모르니 동기들이 시키는 대로 따라 하기 바빴다. 다음 수업 시간에 젊은 동기가 PPT 발표 자료를 만들어 왔는데 그것을 보고 난 속으로 깜짝 놀랐다. 그래서 그 친구에게 너는 어떻게 이런 것을 만들 수 있냐고 물었더니 컴퓨터 파워포인트라는 것으로 만든다고 했다.

'아! 나도 컴퓨터를 배워야겠구나!'

마음먹고 컴퓨터 배울 곳을 바로 찾아보았다. 창원시 여성회관에서 컴퓨터를 무료로 가르쳐 준다고 했다. 즉시 등록하고 기초부터 배우기 시작했다. 한 단계, 한 단계씩 배우다 보니 컴퓨터란 이렇게 만지는 것이구나 하고 알게 되었다. 한글은 어떻게 입력하고, PPT는 어떻게 만들고, 이메일은 어떻게 보내고 확인하는지 그런 것을 알게 된 정도였는데 그것만으로도 내게는 신세계였다. 어느 정도 컴퓨터를 다룰 줄 알던 같은 반 친구가 자기는 위 단계인 엑셀 자격증반을 다니겠다고 했다. 컴퓨터 활용반이었다. 그 반은 수업료가 있었는데 궁금한 마음에 나도 같이 등록했다. 도대체 엑셀이라는 것을 어떻게 하는 것인지만 알아보자는 심정으로 백지상태에서 시작했다. 기초반도 아니고 자격증반이었으니 결과는 뻔했다. 선생님이 가르치는데 정신이 하나도 없었다. 수업 중에 모르니까 계속 손을 들게 되고 같이 간 친구한테도 자꾸 물어보게 되었다. 생각해 보면 민폐를 많이 끼쳤다. 그래도 그렇게 맛을 본 덕분에 엑셀 기초반으로 이동했을 때 선생님 말씀이 귀에 쏙쏙 잘 들어오긴 했다.

　보육복지과이다 보니 미술 시간이 있었다. 교수님께서 사람 얼굴을 그리라고 하셨다. 난 그동안 그림이라고는 땅바닥에 동그라미 그려 놓고 머리카락은 밤송이처럼 삐죽하게 몇 가닥 그려 본 게 전부라서 참 난감했다. 그냥 생각나는 대로 졸라맨처럼 그렸더니 내가 봐도 참 못나 보였다. 집에 돌아와서 남편한테 보여 줬더니 웃겨 죽겠다며, 사람 머리숱이 너무 적다고 했다. 그래서 내가 머리카락을 몇 개 더 그려 넣었던 적도 있었다. 그림 그리는 것조차도 나이 예순 넘어서 이렇게 해 본다고 생각하니 내가 처음 해 보는 것이 참 많구나 싶었다.

 그날 이후, 우리 과의 특성상 그림 그릴 일이 많겠다는 생각이 들어서 미술을 배우기로 마음먹었다. 정식 학원을 알아보니 좀 비싼 것 같았다. 어느 날 창원 시보 신문을 보는데 평생교육원에서 그림 그리는 학생을 모집한다는 공고가 나 있었다. 바로 찾아가 보았더니 수채화를 가르치는 곳이란다. 그 당시에 나는 수채화가 무엇인지 유화가 무엇인지도 모르는 상태에서 일단 등록부터 했다. 내가 배우길 원했던 것은 사람 얼굴 그리기였는데 그 단계까지 가려면 연필로 데생 연습을 많이 해야 한다고 했다. 젊은 친구들은 곧잘 하던데 나는 무척 서툴렀다. 그래도 새로운 세상을 경험한다는 것이 재미있었다. 겨울방학이 되자 보육교사 실습을 해야 해서 미술 수업은 그만두었다.

 대학생으로 1년을 지내면서 좌충우돌하고, 늘 처음인 것의 연속이었지만 마음속으로 하나의 자부심은 가질 수 있었다. 아이들을 키울 때 내 비록 배움이 짧고 유명한 학자들 이름 하나 몰랐지만, 우리 아이들을 바르게 잘 키웠다는 것이다. 딸은 자기가 할 수 있는 바를 다하는 성실한 사람이 되었고, 아들은 대학생이 된 후부터 아르바이트해서 학교 다니고, 혼자 힘으로 돈 벌어 차 사고, 결혼까지 하며 자기를 책임질 줄 아는 사람이 되었다. 아들이 해군에 입대하자마자 인도네시아에 쓰나미가 발생해서 구호 물품을 싣고 출항해

한 달 반 만에 돌아왔는데, 이등병이라서 군함의 제일 밑바닥 층에서 기거하며 뱃멀미로 고생했다고 했다. 그때 받은 생명 수당과 군인 월급으로 모은 귀한 돈 70여 만 원을 누나 대학 공부할 때 필요한 책 사는 데 보태라고 내놓기도 했다. 평소에 표현은 자주 안 해도 아빠, 엄마가 자식 키우며 힘들게 살았던 세월을 알아주는 속 깊은 아들이다.

 내 나름대로 두 아이에 대해서 편견 갖지 않고 "각자의 길이 따로 있다. 공부 잘한다고 잘살고 공부 못한다고 못사는 것 절대로 아니다. 사람은 인성이 길러져야 하고, 사회에 나가서 그 어떤 사람을 만나도 같이 어우러져 살 수만 있으면 된다."라고 했는데, 아이들이 밖에서 다른 사람에게 행동하는 것을 보면 부모의 가르침을 잘 받아들여 준 것 같아 고마웠다. 보육복지상담과에서 공부할 때 지도교수님들께서도 아이들 교육에서는 인성교육이 제일 중요하다고 말씀하시는 것을 들으면서 '아, 내 방식이 맞았었구나. 내가 배움이 짧았지만, 우리 아이들은 제대로 키웠구나.' 싶었다.

산타 선생님

Chapter 6

 보육교사 자격증을 취득하려면 어린이집에서 정해진 시간만큼 실습해야 했다. 나는 나이가 많아서 무척 망설여졌다. 학과장님과 내 학우들이 "언니! 그냥 용기 내서 해 봐!"하고 응원해 줘서 한번 부딪혀 보자는 마음이 생겼다. 최대한 젊은 옷차림으로 우리 집에서 가까운 민간 어린이집을 방문했다. 용기 내서, 실습하고 싶다고 말했더니 원장님께서 흔쾌히 받아 주셨다. 내 학교 짝지도 창원 사람이라서 같은 곳에서 실습하게 되었다.

 실습하면서 손주 같은 아이들에게 할머니 선생님이라는 소리를 안 들으려고 무척 노력했다. 그 당시 난 공사 현장에서 오랫동안 일한 탓에 허리와 다리가 아주 많이 아픈 상태였다. 아이들 앞에서 걸을 때 절뚝거리지 않으려고 토요일만 되면 통증을 줄이는 주사를 맞으러 다녔다. 다리가 아파도 남들 눈에 표시 나지 않게 걸으려고 참 많이도 애를 썼다. 그래도 "실습생 이숙희"란 명찰을 달고 어린이집에서 아이들을 보는 것이 너무 좋았다. 젊은 보육교사가 아이들에게 노래와 율동을 가르칠 때 같이 따라서 노래 부르고 율동하는 것이 마냥 즐겁고 행복했다. 내 그동안 살아오면서 어찌 이런 날도 있어 보는가 싶은 경험들이었다.

 보육교사 실습 기간에 키즈카페라는 곳도 가 보고 과학관이라는 곳도 가 보고 재롱잔치도 챙겨 보면서 참 많은 것을 경험했다. 그동안 일에 파묻혀 사느라 이런 것이 있는 줄도 몰랐다. 재롱잔치도 아이들 키울 때 구경만 했지, 지금처럼 재롱잔치를 위해서 아이들을 하나부터 열까지 챙겨 보는 것은 처음이었다. 재롱잔치 때 원장님께서 실습생인 우리에게 산타 할아버지 역할을 맡기셨다. 각 반 담당 선생님들은 아이들을 챙기고, 우리는 산타 할아버지 복장을 입고 선물을 나눠 주는 역할이었다. 빨간색 옷에 가짜 수염을 달았지만, 아이들이 즐거워하는 모습을 보니 정말 정말 행복했다.

 내 짝지는 참 젊고 예쁜 친구였는데 "언니! 내가 화장실 청소를 할게요. 언니는 교실 청소를 하세요." 하며 나이 많은 나를 배려해 주었다. 그 당시에 내가 너무 아픈 상태였고, 약물 때문에 온몸이 많이 부어서 그냥 평지를 걷는 정도도 버거워한다는 것을 잘 아는 짝지였다. 그렇게 마음을 써 주니 참 고마웠다. 대학 생활 2년을 짝지의 도움으로 잘 마칠 수 있었던 것 같다. 숙제 제출하는 것도, 시험 준비하는 것도 모두 내 짝지의 도움이 컸다. 학교에 다니게 되고, 나에게도 짝지가 있다는 것이 참 행복한 일이었다.

 사회복지사 2급 자격증을 취득하려면 학교에서 강의도 들어야 하지만 정해진 시간만큼 현장 실습을 해야 했다. 실습은 어느 요양원에서 했다. 요양원은 또 다른 경험이었다. 하루하루 미리 계획된 프로그램들을 이행해야 했다. 어르신들을 위한 유치원 같았다. 힘내 체조라든가 그림 그리기, 식후 양치 도움, 어르신들 앞에서 노래와 율동 등 내성적인 내가 그렇게 활달하게 해 보기는 생전 처음이었던 것 같다. 요양원에서 느낀 점은 나도 앞으로 언젠가는 이런 곳에 오게 된다는 것이었다. 나의 미래를 보는 것 같아서 어르신들께 조금이라도 잘해 드리고 싶었다. 요즘도 한 번씩 요양원에 계시던 어르신들이 떠오른다. 건강하게 잘 계실까? 실습 끝나고 나올 때는 한 번씩 찾아뵙겠다고 했는데, 그때 심정이랑 다르게 사람 살아가는 일이 바쁘게 돌아가다 보니 약속을 지키지 못했다. 마음먹은 것을 실천하기가 쉽지 않았다. '내가 참 무심했구나!' 하는 생각이 들었다.

내 나이가 어때서

Chapter 7

 2학년에 올라갔을 때 딸이 나보고 간호조무사 자격증을 따서 딸이 운영하는 한의원에 와서 일도 도와주고 치료도 받으라고 권유했다. 원장으로서는 직원이 갑자기 바뀔 때를 대비해서 고정 직원이 필요한 점도 있었고, 나 또한 그 일에 흥미가 있었기 때문에 그 자리에서 바로 도전해 보겠다고 말했다.
 간호조무사 자격증을 따기 위해서는 1년 정도 간호학원에 다녀야 했다. 마산에 있는 학원에 문의했는데 나이가 너무 많다고 아예 상담 자체를 거절당했다. 간호학원은 국비 지원을 받아 실제로 취업을 목표로 하는 사람들 위주로 교육하는 곳인데, 나는 나이 제한으로 취업이 힘들 것 같다는 이유에서였다. 풀이 죽어 있는데 대학교 동기가 창원에도 간호학원이 있다고 알려 주었다. 창원에 있는 간호학원의 상담 과장님이 상담해 주셨는데 내 나이를 듣고도 흔쾌히 받아 주셨다. 나중에 간호조무사 자격증 시험에 최종 합격을 하고 원장님과 통화했을 때 하시는 말씀이, 창원에서 학원을 개설한 이후로 60대를 합격시켜 보기는 처음이라고 하셨다. 마산에서 퇴짜를 맞았었기 때문에 나이가 많은 나를 어떻게 받아 주셨냐고 물었더니, 내 눈빛을 보고 끝까지 할 수 있을 것 같아서 승낙했다고 했다.

 간호학원 수업은 만만치 않았다. 의학 용어도 많고 외울 것이 산더미 같았다. 더구나 같은 반 친구들 나이대가 주로 20대, 30대인데 60대는 나 하나뿐이었으니, 난 젊은 친구들이 나를 어려워할까 봐 마음이 편하지 않았다. 어려워 말고 언니라고 불러주면 고맙겠다고 하니 다들 동생같이 잘 따라 주었다. 젊은 친구들하고 같이 공부하고, 같이 수다도 떨고 하니까 매일 매일이 즐거웠다. 편의점에서 파는 도시락도 먹어 보고, 베트남 쌀국수도 먹어 보고, 처음 해 보는 것이 많았다. 나로서는 자격증도 따고 좋은 추억거리도 생기고… 꿩 먹고 알 먹은 격이다. 간호학원에서 만난 친구 몇 명은 지금도 가끔 만나서 점심도 먹곤 한다.

 간호조무사 시험에 응시하기 위해서는 780시간의 간호 실습이 필수다. 요양병원으로 실습하러 갔는데 나랑 같이 간 친구가 팀장님께 힘든 것은 자기가 할 터이니 이 언니는 쉬운 것 시켜 달라고 했다. 마음이 따뜻한 그 친구가 정말 고마웠다. 4개월 정도 요양병원에서 실습하면서, 누워 계시는 어르신들을 보니 마음이 많이 아팠다. 육신은 마음대로 되지 않고 눈동자에는 초점이 없었다. 이분들도 젊은 시절에는 나름 한가락 하셨을 텐데, 사람이 늙고 병드니 어쩔 수가 없구나. 나도 이분들 모습을 따라가고 있지는 않은가. 마음이 착잡해지곤 했다. 어르신들 손톱 발톱을 깎아 드리고 나면 이런 작은 일이라도 해 드릴 수 있어서 보람되었다.

대학 2학년 때에는 평일에는 간호학원을 다녔고, 토요일에는 경산에 있는 영남외국어대학교에 다녔다. 그러다보니 간호조무사 실습 기간과 사회복지사 실습 기간이 대학 2학년 여름방학 기간에 겹치게 되었다. 그래서 주중에는 간호조무사 실습으로 요양병원으로 갔고, 주말에는 사회복지사 실습으로 요양원으로 갔다. 아픈 다리를 이끌고 참 열심히 했다. 다리는 아픈데도 마음은 행복했다. 이것도 할 수 있고, 저것도 할 수 있는 자격이 된다는 것이 너무 뿌듯하고 좋았다.

오후 4시경에 간호조무사 실습을 마치면 버스를 타고 바로 신경외과로 주사 맞으러 다녔다. 환자들 보는 앞에서 실습생이 절뚝거리는 모습을 보이지 않기 위해서였다. 사실 실습생이기 때문에 움직여야 하는 양이 많았는데, 무릎의 통증을 꾹꾹 참으며 최선을 다했다. 그런 모든 것을 참고 견뎠더니 지금의 내가 있다. 즐겁고 행복한 내가. 여기까지 온 나 자신이 대견하고 장했다. 그동안 움츠리고

만 살았던 나도 뭔가를 해 볼 수 있다는 용기가 생겼다. 정상적인 과정을 거쳐서 배운 사람들은 졸업장 그것 별거 아니라고 할 수 있겠지만 남들처럼 배우지 못한 나로서는 돈으로도 살 수 없는 너무도 소중한 재산이었다. 눈물 나게 한이 맺히도록….

 대학 졸업여행은 지금 생각해 봐도 웃음이 절로 나온다. 버스 기사님이 경남 지리를 잘 모르던 분이었나 보다. 학교로 돌아가는 길에 해는 져서 깜깜하고, 기사님은 길을 잘못 들어서 땀을 뻘뻘 흘리는데, 우리는 그것도 모른 채 관광버스 안에서 막춤을 추며 재미나게 놀았다. 문득 창밖을 보니 밖은 칠흑같이 어두워져 있었다. 결국 예정 시간보다 한참 늦게 우리는 학교에 도착했다. 밤 10시가 넘은 시간에 경산에서 창원으로 오는 막차를 타고 겨우 집으로 돌아왔다. 나에게 학창 시절 여행이라고는 국민학교 때 소풍 한 번 가 본 것밖에는 없었는데, 대학교 학우들과 교수님이 이렇게 좋은 추억을 만들어 주셨다. 내가 학교생활을 해 보니 이런 에피소드도 생기는구나 싶었다.

가조도
나이팅게일

Chapter 8

 본격적으로 공부하기 전, 2016년경의 일이다. 딸이 한의원을 개원하고 얼마 되지 않았을 때 거제도에 있는 가조도에 의료봉사를 가게 되었다면서, 나보고 보조 인력으로 같이 가 보겠냐고 했다. 거제시 종합사회복지관에서 정기적으로 하는 봉사활동에 딸의 한의원도 동참하기로 한 것이다. 가조도는 거제도와 다리로 연결되어 있어서 버스나 차량으로 다닐 수 있는 곳이긴 했지만, 버스가 몇 차례 안 다녔기 때문에 주민들이 의료혜택을 받기는 좀 힘든 곳이었다. 다른 봉사자분들과 함께 창호초등학교에 도착해 보니 강당에 주민들이 이미 모여 계셨다. 처음으로 해 보는 봉사활동에 괜히 나 혼자서 가슴이 벅차오르고 너무 기분이 좋았다. 이때는 내가 국민학교 중퇴라는 사실을 딸에게 꽁꽁 숨기고 있던 때여서 나 혼자서 눈물이 핑 돌았다. 내가 다녔던 은혜국민학교가 떠오르기도 하고, 그립기도 하고, 말로 표현할 수 없는 어떤 감정이 솟구쳤다.

 강당 중앙에서 우리 딸이 환자들을 돌보는데 얼마나 멋있고 자랑스럽든지. 내가 얼마나 소망했던 모습이던가. 하얀 가운을 입고 진료하는 딸의 모습을 꼭 보리라 했었는데 그 소원을 이루었다. 더불어 나의 작은 손길이 누군가에게 조금이라도 도움이 될 수 있어서 그 또한 행복한 일이었다. 옛날에 내가 사회복지학과를 나와서 어려운 사람들을 돕고 봉사활동도 많이 할 거라고 마음먹었던 적도 있었다. 실천을 못 하고 그냥 하루하루 내 삶에만 충실히 임했지만, 마음 한편에는 늘 소망이 있었다. 내가 많이 아팠기 때문에, 사람이 육체가 아프면 마음은 더 아프다는 것을 잘 알고 있었다. 그래서 딸에게 항상 그런 말을 해 왔다. 한의원에 오시는 분들은 몸도 아프지만, 마음이 더 아픈 것이다, 그러니 의사의 따뜻한 말 한마디가 큰 힘이 된다고. 조금 힘들게 하는 환자분이 계셔도 따뜻하게 대해 주라고.

 이렇게 작은 보조역할일지라도 아픈 분들을 어루만져 줄 수 있는 시간을 가질 수 있어서 너무나도 행복했다. 만약에 딸이 봉사활동 가자고 한다면 언제든지, 어디든지 함께 가고 싶다.

우리 숙희샘

Chapter 9

 대학을 졸업하고 정식으로 간호조무사가 되고 난 뒤 딸의 한의원에 본격적으로 취직했다. 주 3회 시간제로 일하면서 치료도 병행하니 이보다 더 좋을 수가 없었다. 한의원에서 근무 외 시간에 사혈부항도 하고 침도 맞고 봉약침도 맞고 때때로 한약도 챙겨 먹었다. 또, 경락마사지라는 것도 받으면서 치료를 받았더니 그야말로 사람 노릇을 할 수 있게 되었다.

 한의원에서 나의 역할은 간호사 선생님들의 업무를 보조하는 일이다. 알코올 솜도 만들고, 생강, 생지황 같은 약재를 씻어서 자르고 냉동고에 보관하는 일, 발침 하기, 부항기 정리하기, 데스크 행정업무 도와주기 등이다. 한의원에 출근하면 재미가 있다. 젊은 간호사 선생님들이랑 같이 일할 수 있고 한의원 원장인 내 딸도 볼 수 있어서 너무 행복하다. 아파서 오시는 분들을 조금이나마 도울 수 있다는 보람도 있다. 예쁘고 젊은 선생님들이 나를 보고 '숙희샘!' 하고 부르면 나도 그들처럼 젊다고 착각할 수 있어서 좋다. 내가 언제까지 이 일을 할 수 있을지는 모르겠지만 이 순간이 너무 즐겁다. 한의원에서 일하는 동안 나는 내 나이를 잊고 산다. 얼마 전부터는 점심시간이 되면 사위도 같이 밥을 먹기 시작했다. 사위의 사무실이 한의원과 가까운 거리에 있어서다. 한의원 옆에 있는 KT 구내식당에서 딸과 사위, 나 이렇게 같이 점심을 먹는다. 지금처럼만 행복하길. 더 큰 욕심 없다. 사람은 자기 타고난 그릇은 작은데 큰 욕심을 부리면 다 잃게 되어 있다.

 한의원에서 일을 할 때는 환자분들의 모습을 보며 자연스레 내가 아팠던 경험이 떠오른다. 그러면서 그분들의 심정이 더 이해되고 공감된다. 그래서 어떻게 하면 환자분들께 도움이 될까 하는 마음에 나 나름대로 최선을 다한다. 한의원에서 속옷 입는 것도, 혹은 양말 신는 것도 힘든 분들을 보면 나는 최대한 빨리 달려간다. 옷을 입는 활동은 일상에서 정말 작은 활동인데도 몸이 많이 아픈 사람들은 그조차도 참 어렵다는 것을 나도 겪어 봤기 때문에 지체할 수 없다. 심지어 신발 하나 신는 것조차 내 맘대로 할 수 없을 때는 굉장히 우울하고 자괴감이 들곤 한다는 것을 알기에, 되도록이면 밝은 목소리로 괜찮다고, 미안해하지 말라고 안심시켜 드린다. 어르신들 부축해 드리고, 한 번이라도 더 만져 드리고, 말동무라도 해 드리려고 노력한다.

 내 진심이 환자분들께 닿았던지, 어떤 환자분이 나를 찾았다는 말, 아지매 선생님 있는 날에 맞추어 한의원에 오신다는 말을 들은 날은 너무 뿌듯하고 기쁘다. 양파 몇 개를 가방에 넣어 와서는 나에게 건네주시는 분도 계셨고, 냉장고에 넣어 두었던 과자를 갖고 와서는 나만 먹으라며 살짝 주는 분도 계셨다. 과자 뒷면을 보니 유통기한이 한참 지난 것이긴 했다. 그렇지만 그분이 내게 주려고 일부러 가져오신 정성을 생각하면 함부로 버릴 수가 없어서 그냥 다 먹었다.

 계절이 어느새 가을로 접어들었다. 무덥던 날씨도 한풀 꺾여 아침저녁으로 제법 선선한 바람이 분다. 그렇게 울어 대던 매미 소리도 이제는 줄어들었다. 잠자리들이 간간이 날아다닌다.

 창원에 있는 우리 집에서 거제에 있는 딸 한의원까지 출근하려고 하면, 집에서 남산 버스터미널까지 20분 정도 걷고, 거기에서 창원-거제 시외버스를 타고 한 시간가량 가야 한다. 버스에 앉아서 차창 밖으로 펼쳐지는 바깥 풍경을 바라본다. 계절이 바뀌는 것을 그렇게 느껴본다. 여름은 짙게 푸르른 녹음이 좋고, 가을은 붉게 물든 단풍이 가슴이 시리도록 좋고, 겨울은 나뭇잎이 다 떨어져 산속이

훤히 보여서 좋고, 봄은 나뭇가지에 연두색 새싹이 돋아 나와서 좋다. 계절의 옷을 갈아입고 나타나는 풍경들이 다 예뻐서 눈에 많이 담아 두려고 애쓴다. 조그만 소리로 노래를 흥얼거리기도 하고, 어떨 때는 꾸벅거리며 졸기도 한다. 그러다 보면 버스는 어느새 고현터미널 앞, 내가 가야 할 목적지에 다가가 있다.

 내 인생도 가을을 지나 어느덧 종착점인 겨울을 향해 가는 중이다. 지나온 세월을 돌아보면 먹고사느라 힘들긴 했어도, 아들딸이 속 한 번 썩인 적이 없었다. 부모로서 많은 것을 해 주지 못한 것이 미안할 뿐이다. 나를 믿어 주고 늘 함께했던 남편도 고맙다. 이웃도 모두 좋은 분들이었다. 서로 부딪쳐 본 적도 없다. 난 항상 어려운 일이 닥쳐도 '이만하길 참 다행이다. 더 큰 일이 났으면 어쩔 뻔했어?' 하는 마음으로 살았다. 감사한 일들뿐이다.

 이 나이가 되니 가을이 빨리 가 버릴까 아쉽다. 예쁘게 물든 단풍잎이 떨어지기 전에 눈에 가득 담으려고 때로는 일부러 둘러 둘러 빙 도는 시내버스를 골라 타고 멀리까지 가서 돌아오곤 한다.

촌년이
출세했네

Chapter 10

대학 동기생들을 만나러 대구에 다녀왔다. 원래는 소매물도로 가기로 했는데 1주일 전부터 일기예보에서 전국적으로 비가 많이 올 거라고 해서 소매물도 계획은 취소하고, 대구에서 모이기로 했다. 동기 모임 가기 전에 목욕탕에 다녀왔다. 그곳에서 아는 동생과 대화하면서 대구에 친구들 만나러 간다고 했더니 "언니, 동창 만나러 가요?"라고 묻길래, 바로 "응!"하고 대답하고 나니 조금 쑥스러웠다. 사람들이 동창 이야기를 할 때 한마디도 못 하다가 이제야 그런 답을 해 보니 왠지 어색하기도 했다.

이번 동기 모임에 가서 나는 큰 용기를 내어 과거사를 고백했다. 경상남도에서 주최하는 '신중년 인생 이모작 수기 공모전'에서 최우수상을 받게 되었다고 말했다. 학력과 직업 모두 끝까지 숨기고 싶은 과거였으나, 신문과 방송을 통해 알게 되는 것보다, 힘들어도 내가 말하는 것이 낫겠다 싶었다. 세상에 비밀은 없는 법이니까 오히려 좋은 기회였다. 이제껏 말하지 못했던 것을 모두 밝히고 나니 돌덩이로 누른 것만 같던 마음이 가벼워졌다. 내 고백을 들은 동기들은 나에게 열심히 잘 살았다고 아낌없는 응원을 해 주었다. 진심으로 위로해 주는 모습에 큰 용기가 생겼고, 아프고 힘들었던 과거는 다 추억으로 남고 현재라는 시간만 존재하는 것처럼 그렇게 행복한 기분이 들었다. 고맙고 감사한 마음에 적은 액수지만 동기회에 찬조금도 조금 냈다.

창원으로 돌아오는 기차 안에서 하루를 되돌아보았다. 창피한 마음에 순간 괜히 말했나 싶다가도, 타인에게 나의 치부를 드러낼 때는 그것을 입 밖으로 꺼낼 수 있는 내면의 단단함이 생겼기 때문에 가능한 것이라는 생각이 들었다.

이렇게 용기 내어 숨기려 했던 과거를 고백하게 된 계기는 우연한 기회에 마련되었다. 2022년도 엄청 무더웠던 7월의 어느 날이었다. 창원에서 마산행 시내버스를 타고 어시장 가는 길이었다. 차창 밖을 바라보다가 '경상남도 신중년 인생 이모작 수기공모전'이라는 현수막이 눈에 들어왔다. 문득 내 이야기도 여기에 해당이 되지 않을까 하는 생각이 스쳤다. 공사판 설비 아지매에서 이제는 한의원 간호조무사인 숙희샘으로 살고 있으니 인생 이모작이라는 주제에 딱 맞아떨어지는 것 같았다. 그런데 만약 내가 이 수기공모전에 지원한다고 하면 나의 학벌을 사실대로 밝혀야 할 텐데 어디서부터 어디까지 공개해야 할지가 난감했다.

집에 돌아와 몇 날 며칠을 고민하다가 용기를 내 보기로 했다. 일단 내가 밝힐 수 있는 부분만 써 보자고 생각했다. 국민학교 중퇴라는 말은 쏙 빼고 초등, 중등 검정고시 이야기도 빼고, 그나마 당당할 수 있었던 고등학교 검정고시 준비 이야기부터 써 내려갔다. 당시에는 나의 국민학교 중퇴에 대한 사실을 딸과 남편에게는 공개했지만, 아직 아들에게까지는 공개하지 못하고 있었다. 심지어 이 글을 나의 이웃과 친구들 그리고 친인척들이 볼 수도 있다고 생각하면 너무 부끄럽고 창피했다. "어머, 저 집 아지매는 초등학교도 못 나왔대요. 누구누구 엄마래요." 하는 수군거림이 귓가에 들리는 것만 같았다. 그때까지도 자존심이 남아 있어 나를 완전히 놓아주지 않았나 보다. '부끄러우면 굳이 안 해도 되잖아.' 하는 마음과 '아냐, 이 기회에 감추지 말고 털어놔 보자!' 하는 두 가지 마음이 갈팡질팡했다.

며칠 뒤 딸이 내가 쓴 글을 살펴보더니, 그렇게 해서는 안 된다고 했다. 이왕이면 국민학교 중퇴 이야기부터 공개해서, 엄마가 얼마나 열심히 살아왔으며 특히 공부에 대한 열망이 얼마나 강했는지를 알리자고 했다. 아, 진짜 부끄러웠다. 그래도 딸의 말이 맞는 것 같았다. 맨 밑바닥에 남아 있던 용기를 쥐어짜 내어 국민학교 중퇴 이야기부터 다시 써 내려갔다. 글을 쓰는 동안 상처에 굵은 소금을 뿌린 것처럼 가슴이 쓰라렸다.

수기를 접수하려니 남편이 "잘하면 장려상이나 받으려나. 너무 큰 기대는 마." 하고 말했다. 내가 큰 용기 내서 한 일인데 결과가 실망스러울까 봐 미리 예방주사를 놓는 것이었다. 속으로는 나도 그렇게 생각했다. 내 보잘것없는 이야기가 무슨 화젯거리가 되겠는가. 나보다 훌륭하게 살아온 분들이 얼마나 많은데. 그래도 나는 남편에게만큼은 큰소리쳤다. 농담 반, 진담 반으로 "혹시 아나요? 세상일 몰라요. 내가 만약 1등 상을 타게 되어서 상금 50만 원을 받게 된다면 10만 원 더 보태서 당신에게 줄게요."라고 말이다. 그렇게라도 큰소리를 치니, 자꾸 왜소해지고 움츠러드는 마음이 좀 펴지는 것 같았다.

그런데 이게 웬일인가. 내가 최우수상을 받게 되었단다. 소식을 전해 주는 직원이 하는 말이 더 놀라웠다. 내 글을 읽고 심사위원님들께서 난리가 났다고, 내가 낸 원고 내용이 사실인지 아닌지를 먼저 확인해 보라고 했단다. 사실이라면 정말 최우수상 받을 자격이 된다고 말이다. 물론 한 치도 거짓 없는 사실이 분명했다. 은혜국민학교 다닐 때 글짓기상 한 번 타 본 뒤로 내 이름 석 자, 이숙희로 이렇게 큰 상을 타는 건 처음 있는 일이었다. 너무 영광스럽고 기뻐서 눈물이 났다.

공모전 시상식이 있던 날, 남편, 아들, 딸 모두가 오전 근무만 하고 창원 세코에 모였다. 아들은 울산에서 오고, 딸은 거제에서 왔다. 며느리는 영어학원을 운영하고 있는데, 학생들 스케줄 조정이 힘들어 참석 못 하고, 세무사인 사위도 중요한 미팅이 있어서 피치 못하게 불참했다. 그래도 온 식구가 한마음으로 열렬하게 축하해 주었다. 공모전에 참가하는 것에 의미를 두었지, 나의 이야기로 상을 탈 것이라고는 꿈에도 생각하지 못했다. 더 늙고 기억이 희미해지기 전에 글로 남겨 보자 했을 뿐인데, 이게 무슨 일인가. 내가 최우수상이라니….

최우수상 수상자는 단상에 올라가서 수상 소감을 발표해야 했다. 미리 소감문을 준비해서 여러 번 연습하고 올라갔다. 그런데 생전 처음으로 이렇게 큰 상을 받고, 또 여러 사람이 모인 곳에서 발표하려니 너무 떨리고 떨렸다. 소감문 글씨가 잘 안 보일 정도였다. 혹시나 나를 알아보는 사람이 있을까 봐 걱정되어서 뿔테 안경도 맞추어서 끼고 갔는데, 수상 소감을 발표하는 도중에 눈물이 나와서 결국에는 안경을 벗고 발표를 이어 갔다. 나는 이렇게 말했다.

"내가 살아온 삶을 지울 수 있는 지우개가 있다면 나는 과거를 지우고 싶습니다. 그냥 지금 현재만 존재하면 좋겠습니다. 그래도 내가 열심히 살아온 과거가 있었기에 지금 이런 영광도 누릴 수 있는 것 같습니다."

시상식이 끝나고 주말 가족 모임에서, 공언한 대로 남편에게 내가 받은 상금에 10만 원을 보태어 60만 원을 봉투에 넣어 주었다. 아들, 며느리, 딸, 사위에게는 각각 10만 원씩 주었다. 총 100만 원이었다. 남편에게는 당신 덕분에 내가 여기까지 왔노라고, 당신은 이 돈을 받을 자격이 있는 사람이라고 하면서 주었다. 자식들한테는 너희들이 각자 자기 위치에서 열심히 잘 살고 있어서 이 엄마가 100%가 되었다고 다들 고맙다고 하면서 주었다. 세상 사람 중에 고생 안 한 사람이 어디 있겠느냐마는, 나는 우리 가족들 덕분에 견딜 수 있었고 이렇게 상까지 받을 수 있었노라고 했다.

 최우수상을 받고 나니 경남 TBN 라디오 교통방송국에서 라이브 출연 요청이 들어왔다. 그동안에는 라디오에서 나오는 목소리만 들어 봤지, 방송국 문 앞에는 생전 가 본 적이 없었다. 처음으로 라디오 방송국이라는 곳에 가서, 묻는 말에 간단하게 답만 하는데도 진짜 많이 떨렸다. 지금은 그때 내가 무슨 말을 어떻게 했는지 기억도 잘 안 난다.
 진주 KBS 라디오 방송국에서 전화로 진행하는 라이브 방송에 출연해 달라는 요청도 들어왔다. 진주까지 가지 않아도 되고, 집에서 전화로 인터뷰하면 되는 것이었다. 두 번째 출연이라서 그런가, 아니면 전화로 진행하는 것이어서 그런가 연습을 많이 하지 않았는데도 조금 덜 떨었던 것 같다.
 이 방송이 나가고 얼마 후에 동아일보에서 취재를 나온다고 했다.

'서영아의 백세 카페'라는 코너가 있는데 나처럼 제2의 인생을 사는 사람들에 대한 이야기가 실리는 것이라고 했다. 서영아 본부장님께서 직접 거제도까지 내려와서 취재하고, 나에 대한 이야기를 멋지게 기사로 내 주셨다. 일요일 아침 동아일보 인터넷 뉴스 메인 창에 뜬 기사를 본 사람들로부터 정말 많은 응원의 댓글을 받았다. 그 댓글들을 하나하나 캡처해서 지금도 간직하고 있다.

그다음에는 서울 여의도 KBS1 라디오 강원국의 '지금 이 사람'이라는 프로에 출연해 달라는 요청이 들어왔다. 창원에서 서울로 올라오는 교통편을 지원해 줄 테니 여의도로 와 달라고 했다. 내가 KBS 방송국에 초청을 받다니, 내 평생에 이런 일도 다 있네. 두메산골 골짜기에서 태어난 촌년이 완전 출세했다. 방송국 가기 전에 딸한테 이제 전국적으로 내 불행했던 과거를 다 폭로하게 생겼다고 하니까 딸이 "무슨 소리야. 엄마는 대단한 사람이야. 내가 아무리 공부 잘했어도 방송국에서 난 안 부르잖아." 했다. 그 한마디에 용기가 났다. 녹화 전 우황청심원 한 병 마시고 들어가서 내가 살아온 지난날을 담담하게 이야기했다. 공사판 설비 아지매 이숙희가 한의원의 숙희샘이 되었다, 그 숙희샘이 이제 방송국에 와 있다는 게 실감 나질 않는다고 말했다. 생각보다 많은 분이 방송을 들어서 주위 분들, 가족들한테서 많은 축하 인사를 받았다.

이 모든 일이 우연한 기회에 시작되어, 꼬리를 물고 이어져 갔다.

생각지도 않았는데, 라디오 방송에도 나오고 신문에도 기사가 실리게 되니, 더는 부끄럽고 모자란 나의 과거를 숨기고 있을 수 없었다. 나에게는 평생의 멍에였으나 막상 밝히고 보니 그리 꽁꽁 숨기고 살 일도 아니었던 것 같았다. 그래서 방송을 듣지 않은 동창들과 지인에게 먼저 말을 꺼내고, 시누이 두 분께도 전화를 드려서 그동안 학력을 속여서 죄송하다고 사과드렸다. 서운해하실 줄 알았는데 오히려 아니라고, 자네는 똑똑하다고, 가난한 집에 시집와서 잘 살아 주고 자식 잘 키워 줘서 너무 고맙다고 하셨다.

부족함이 많았던 나인데 그 부족함을 메우고자 늦은 나이에 열심히 달려왔더니 이런 큰 박수를 받게 되었다. 버티고 견디며 인생의 장애물을 힘들게 넘어온 나를 세상이 포근하게 안아 주는 것 같아 위안이 되었다.

내가 그리는 선

Chapter 11

 딸이 고3이었을 때, 수험생 엄마들이 팔공산이든 어디든 유명한 절에 가서 108배를 하면서 기도한다는 소리를 듣고, 나도 해야 하나 말아야 하나 고민했었다. 그 당시만 해도 나는 부끄럽고 창피한 것이 많아서, 절하는 것 또한 도저히 부끄러워서 할 수가 없었다. 회사 잔디밭에 풀 뽑으러 다닐 때 누가 나만 쳐다보는 것 같아서 경비실 앞도 못 다니던 내 모습과 똑같았다. 딸이 수능시험을 망치고 돌아와 앓아눕는데, 그때 무언가에 탁 하고 머리를 얻어맞은 것처럼 정신이 들었다.

 '아하, 부끄러운 것, 창피한 것 그런 것은 아무것도 아니다. 정말 별 것 아니다. 내 딸이 저렇게 좌절하고 있는데 나의 부끄러움이 무슨 의미가 있겠는가.'

그때부터 열심히 기도하러 다녔다. 주말이면 우리 부부는 좋다는 사찰을 찾아다니면서 참 열심히 기도했다. 내 딸 한의대 붙게 해 달라고. 명예를 위해서도, 돈을 위해서도 아니었다. 또 나를 위해서도 아니었다. 딸이 한의사가 되어 아빠의 건강을 챙겨 줄 수 있기를 바랐다. 평생을 골골거린 나는 건강의 중요성을 너무 잘 알기에, 남편과 가족의 건강이 세상에서 제일 소중했기 때문이었다. 남편도 나 못지않게 간절하게 기도를 했다. 나는 무릎이 아파서 삼 배만 했는데, 남편은 자식을 위해서 꼭 108배를 했다. 108배를 한다고 대학에 합격한다는 보장은 없지만, 그만큼 우리 부부는 절박한 마음으로 기도했다.

딸이 한의대에 합격하고 난 이후에도 우리 부부의 기도는 계속되었다. 학교 다니는 동안에는 한의학 공부를 잘할 수 있도록 기도했고, 졸업하고 난 뒤에는 전문의 과정을 잘 수련해서 명의가 되게 해 달라고 기도했다. 한의원을 개원하고 난 뒤에는 한의원에 오시는 분들 잘 낫게 해 달라고 기도했다. 그 기도는 지금도 계속되고 있다.

10년 이상 우리에게 일요일은 오로지 자식들 잘되게 해 달라고 기도하러 다니는 그런 날이었다. 휴일이라고 집에서 편하게 쉬어 본 적이 별로 없다. 전국 어디든지 찾아가서 진심으로 기도했다. 지금도 현재진행형이지만 우리 부부는 별다른 취미도 없이 그렇게 다니는 것이 낙이고 행복이다.

얼마 전 주말에는 아들네가 다녀갔다. 울산에 터를 잡았으니 창원 집까지 오기가 만만치 않았을 텐데 어떻게 짬을 냈나 보다. 남편이 가자하면 순하게 따라나서는 며늘아기가 고맙다. 결혼할 때 별로 보태 준 것도 없는 시집인데, 어른 대우 잘하고, 부모에게 기대지 않고 둘이서 알뜰살뜰 살아 주는 게 참 고맙다. 간만에 식구가 북적이니 아이들 클 때, 밥상에 앉아 하루 있었던 일을 조잘거리던 모습이 떠올랐다. 이렇게 가족과 함께 무탈하고 평온한 저녁을 누릴 수 있음에 감사드렸다.

 요즘은 늘 감사의 기도가 먼저다. 많은 것이 부족했던 예전의 나는 인생이란 노트에 점 하나 찍기 위해 발버둥 치며 살았다. 기초 생활 수급 대상 영세민 가정이라고 남들로부터 은근히 동정의 눈길을 받는 것이 너무 싫었다. 가난보다 더 못 견디게 싫었던 것은 배우지 못했다는 소리를 듣는 것이었다. 모르는 티를 안 내려고 혼자 끙끙거렸다. 열심히 살았으나 가야 할 방향을 모른 채 남이 그려 놓은 선 위에서 떨어지지 않으려고 있는 힘껏 매달렸다. 그러나 지금은 모든 것이 감사할 뿐이다. 고통과 시련을 통해 단단하게 다져진 내 모습과, 그 안에서 더욱 사랑으로 뭉쳐진 가족에게 감사한다.

 당시에는 힘들고 더디기만 했는데, 지나고 보니 세월이 찰나 같다. 난 항상 꿈꾸었다. 나의 이야기를 나와 비슷한 분들께 들려주고 용기를 가지시라고, 꿈꾸고 간절히 바라며 열심히 살다 보면 많은 것을 이룰 수 있다고, 나의 보잘것없는 사연으로 전하고 싶었다. 이 세상은 잘난 사람만 사는 세상이 아니다. 나는 요즘 말로 흙수저, 아니 수저가 없는 채로 태어났는지도 모르겠지만 어쨌든 굴하지 않았다. 국민학교 중퇴에 공순이로, 공사장 설비 아지매로 살다가 예순한 살에 대학 학업을 마쳤고, 졸업하면서 보육교사 2급, 사회복지사 2급, 간호조무사, 요양보호사 자격증을 취득했다. 늦었지만 지금이라도 해 보자 하는 신념 덕분에, 부족한 것투성이인 나도 이렇게 내 얼굴 사진이 붙어 있는 국가 자격증을 가질 수 있게 되었다. 자기의 가치는 본인이 갈고 닦고 만들어야 한다고 생각한다. 그 누구도 가만히 있는 나를 알아주지 않는다. 오직 자신만이 할 수 있다.

앞으로도 하고 싶은 것은 참 많은데 체력이 따라 줄지는 모르겠다. 어느 날 요양병원에 눕게 되었을 때, 그때 그걸 해 볼 걸 하고 후회하지는 말자는 게 내 생각이다. 수채화를 조금 배우다 그만두고 보니 그림도 좀 더 그려 보고 싶고, 서예도 해 보고 싶다. 기회만 주어진다면 많은 사람 앞에서 강연도 하고 싶다. 나의 희망 사항이다. 그냥 내가 살아온 얘기들을 들려주고 싶다. 그래서 사람들에게 용기를 주고 희망을 주고 싶다. 문득 우리 집 문간방에 있는 피아노가 눈에 보인다. 피아노를 배우고 싶어서 딸이 결혼할 때 피아노는 놔두고 가라고 했다. 말로는 손주들 태어나서 할머니 집에 오면 놀잇감이 그것이라도 있어야 한다는 핑계를 댔었다. 다른 과로 편입을 해서 무언가를 더 배우고 싶은 마음도 있다. 새로운 것을 배우고 새로운 친구를 또 만나고 새로운 세상을 더 만나고 싶은 그런 열정이 아직 남아 있다.

 지금도 나는 내 인생의 점을 그리고 있다. 그 점을 나만의 색깔로 더 크고, 더 진하게 만들기 위해 여전히 노력하고 있다. 노트 위에 점 하나를 그리고, 그리고, 또 그리면 언젠가는 그 점들이 모여 내가 원하는 선이 될 수 있을 것이다. 언젠가는 내가 닿고 싶은 목적지를 향하는 선명하고 곧은 나의 선을 그릴 수 있을 것이다.

Part 05 · 안녕하세요, 숙희샘!

| 꼬리말

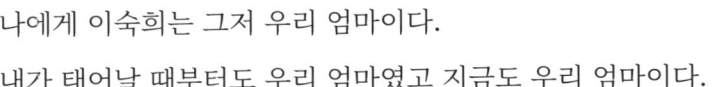

나에게 이숙희는 그저 우리 엄마이다.
내가 태어날 때부터도 우리 엄마였고 지금도 우리 엄마이다.

　동의대 부속 한방병원(동의의료원)에서 레지던트 수련을 하고 있던 때였다. 엄마와 함께 오랜만에 이마트로 쇼핑 갔다. 엄마랑 한가하게 다닐 수 있는 시간이 별로 없었기 때문에 그날 이마트에 간 것은 정말 드문 일이었다. 엄마는 늘 바빴고, 항상 돈이 부족한 상태에서 늘 쫓기듯이 살아왔기 때문에 백화점 구경도, 마트 구경도 사치라고 생각했던 것 같다. 본인 옷은 십 년, 이십 년이 넘게 입으며 새 옷을 안 사면서도 딸에게는 예쁜 옷을 입혀 주고 싶어서 안달하긴 했다. 못생긴 딸이라도 당신 눈에는 세상에서 제일 예쁘다고 그러시면서. 그날도 그저 반찬거리나 살 겸 옷도 구경할 겸 해서 나섰던 것 같다. 늘 나에게 주기만 하던 엄마에게 궁금증이 생겼다. 과연 우리 엄마는 무엇을 제일 하고 싶어 할까? 여행을 가고 싶어 할까? 아니면 예쁜 옷을 사고 싶어 할까? 그것도 아니면 멋진 곳에서 밥을 먹고 싶어 할까? 왜 그때 그게 궁금했는지 모르겠다. 쇼핑을 하던 참이었으니 엄마가 옷을 사고 싶다고 하면 당장이라도 백화점으로 건너가려고 그런 말을 꺼낸 것 같다. 여기저기 아픈 몸을 이끌고 진통제 주사를 맞아 가며, 약을 먹어 가면서 매일 새벽에 출근해서 저녁까지 열심히 일만 하는 엄마가 안쓰러워 그런 말을 꺼낸 것 같다. 예쁜 옷이라도 사 주고 싶었던 것 같다. 결국은 이 한마디 질문으로 우리 엄마의 인생이 바뀌었다.

"엄마, 지금 하고 싶은 것이 있다면 무얼 가장 하고 싶어?"
"음…, 난 영어를 배우고 싶어."

 아니, 이럴 수가. 옷이라도 사 주고 싶어서 말을 꺼냈는데 영어를 배우고 싶단다. 나에게는 영어로 된 간판이 너무나도 당연한 것이어서 영어를 모른다는 것이 그렇게 불편한 건 줄 몰랐는데, 엄마는 많이 불편했나 보다. 그랬겠구나. 왜 진작에 그런 생각을 못 했을까 자책하며 엄마와 함께 당장 이마트 맞은편에 있는 정우상가로 갔다. 그곳에서 바로 헬로우 왕초보 영어학원에 등록해 버렸다. 그것이 시작이었다. 우리 엄마 공부 여정의 시작.

 한동안 엄마는 낮에는 건설 현장에서 설비 일을 하고 저녁 시간에는 영어학원에서 공부했다. 가끔 전화해 보면 하나하나 알아 가는 것이 재밌단다. 물론 무슨 소리인지 거의 이해를 못 하긴 하는데,

이제 겨우 알파벳만 조금씩 외우면서도 결석 한 번 없이 열심히 다니고 있단다. 훗날 엄마의 자서전을 쓰는 것을 도울 때 그 당시 엄마의 심정을 들어 보니 참 많이 애썼구나 싶다. 졸음을 참아 가면서 눈이 빠질 것 같은 피곤함을 이끌고 한 글자라도 배우겠다고 영어 학원을 다녔다는 것이다. 뭐라도 들어 놓으면 도움이 된다는 생각에 그렇게 다녔다는 것이다.

시간이 흘러 나도 결혼하게 되었고 한의원을 개원하면서 어느 정도 사회 기반을 다지고 있을 때였다. 한의원을 운영하다 보니 갑자기 직원이 교체되는 경우가 있었다. 이유는 다양했다. 그래도 직원들이 교체되지 않고 진득하게 오래 붙어 있어야 한의원도 안정이 되는데 걱정이 되었다. 그래서 엄마보고 엄마도 간호조무사 자격증을 따 보지 않겠냐고 했다. 때때로 엄마가 일 안 나가는 토요일이면 한의원에 와서 세탁물 정리나 청소 같은 자잘한 일을 도와주고는 있었지만, 간호조무사 자격증이 없어서 침구실 보조는 들어가지 못하는 상황이었기 때문이다. 한의원에 오게 된다면 엄마의 아픈 다리와 허리도 같이 치료하면서 정정당당하게 간호조무사 일도 할 수 있으니 좋을 것 같았다. 엄마에게 제안하던 날, 그래, 엄마도 해 보고 싶단다. 몸도 너무 아프고 지금 한창 갱년기 때문에 지칠 대로 지쳐 있으니 직업을 한번 바꾸어 보는 것도 괜찮겠단다. 그래서 간호조무사 자격시험을 알아보니 이게 웬일인가. 고졸이어야 시험 자격이 된다는 것이다. 내가 아는 엄마는 중졸인데 고졸까지 해야 하 구나 싶었다. 그러면 검정고시를 준비해서 고졸을 준비하자. 그런데 엄마가 자신 없는 말투로 이렇게 말했다.

"딸, 내가 사실 초등학교도 못 나왔어."
"그래? 그러면 초등학교부터 졸업하면 되지 뭐. 걱정 마. 바로 초등학교에 방문해 보자."

 이것 또한 나중에 알고 보니 우리 엄마에게는 자존심이 정말 상하고 엄마를 자신 없게 만드는 그런 것이었다. 이 말을 꺼내기까지 근 60년 가까이 걸린 셈이었던 거다. 초등학교 중퇴했다는 말을 못 꺼내서 속앓이를 해 왔던 것이다.

 그 당시에는 여자라는 이유로 자기의 의지와 상관없이 학업을 다 못 마친 경우가 많다고 들었기 때문에 엄마의 학력은 그리 부끄러워할 것이 아니었는데 정작 본인은 그렇지 못했나 보다. 지금까지 내가 생각하는 우리 엄마는 세상에서 제일 똑똑하고 현명한 엄마였기 때문에 전혀 부끄러워할 일이 아닌데도 말이다. 항상 바쁘고 지친 일상 속에서도 안방에 딸린 화장실에서 책 한 줄이라도 읽으려고 했고 학습지 공부라도 하려고 했던 엄마이다. 내가 고등학생 때에는 학교에서 배운 역사라든가 물리라든가 지구과학이라든가 그런 것을 엄마에게 마구마구 쏟아 내면 저녁 식사를 준비하면서도 잘 들어 주던 엄마이다. 그러면서 맞장구도 쳐 주던 엄마이다. 친구들 문제라든가 아니면 진로 문제라든가 그런 것을 의논할 때에도 나의 이야기를 경청해 주고 진심으로 조언해 주던 엄마이다. 심지어 한의학 공부를 시작했을 때에도 『음양이 뭐지』, 『오행은 뭘까』라는 책을 들춰 보기도 하고 『십팔사략』 같은 중국 역사에 관한 책도 읽어보던 엄마이다. 그래서 엄마가 초등학교 중퇴라는 얘기를 들어도 별다른 느낌이 없었다. '그 당시에는 그럴 수도 있었겠다. 그래도 우리 엄마는 똑똑하고 현명한데 뭐가 문제가 되겠어.'라고 생각했다.

 그렇게 해서 시작한 공부는 겨우 2년 사이에 끝났다. 한 해 동안 바로 초등학교 중학교 검정고시를 통과하고 다음 해 고등학교 검정고시까지 마쳤다. 참 대단한 일이다. 낮에는 설비 일을 하면서 틈틈이 공부했었다. 겨우 기출문제만 한 번 쓱 보고 갔는데 검정고시 합격이란다. 역시 똑똑하다. 옛날에 제대로 된 교육을 받았으면 뭔가 한자리했겠다 싶었다. 엄마가 그렇게 소원하던 대학교도 다녀 보고, 동시에 간호조무사 자격증도 따게 되었다. 대학 졸업식 때 엄마도 나도 정말 감동의 눈물을 흘렸다.

 엄마의 인생에서 두 가지 화두가 있었던 것 같다. 하나는 학력, 즉

초등학교부터 학업을 제대로 마치지 못했다는 것, 또 다른 하나는 돈이었다. 또렷하게 기억난다. 2021년 어느 봄날이었던 것 같은데 드디어 빚을 다 갚았단다. 대출금 제로란다. 등기부 등본에 아직 정리는 안 되었는데 은행에 마지막으로 대출금을 갚고 나오는 길에 너무 기분 좋아서 전화했단다. 지금까지 마이너스로만 살아왔는데 이제는 빚이 없단다. 그것이 얼마나 좋으면 이렇게 목소리가 하늘 끝까지 올라갈까?

 우리가 삼정자동에 살 때에도 그리고 아파트 평수를 21평, 32평 이렇게 이사 다닐 때에도 우리 집이 가난하거나 그렇게 부족하다는 생각은 안 해 봤다. 그 당시에는 다들 그렇게 살았으니까. 중학교 들어가면서는 아, 우리 집이 많이 힘들구나. 어쩌면 내가 다니고 있는 영어학원을 못 다닐 수도 있겠다. 공부는 내 힘으로 해야겠구나 그런 생각을 하게 되었다. IMF 시기는 우리 가족에게도 힘든 시기였다. 그전까지는 아빠가 삼성항공이라는 대기업에 다녔기 때문에 자랑스럽기도 하고 그렇게 엄마가 많이 힘들 것이라는 생각을 못 해 봤다. 물론 다른 집 엄마는 집에서 살림하며 아이들 간식도 챙겨주면서 그렇게 사는데 우리 엄마는 매일같이 일하러 갔던 것에 대해서는 조금 서운한 일이긴 했어도 그렇게 부족하거나 쪼들리지 않았다. 그런데 IMF 이후로 우리 집 사정도 정말 힘들어졌다. 아빠는 명퇴(명예퇴직)를 해야 했고 그 뒤로 들어간 중소기업에서 받는 월급은 이전보다 훨씬 적은 금액이었다. 아빠는 대기업에 다니실 때도 표창장을 받을 만큼 성실한 분이셨지만, 나라 경제 전체가 휘청거릴 때이니 그 여파가 우리 집에까지 미쳤던 것이다. 그 빈자리를 엄마가 일을 해서 채워야 했다.

 그때는 엄마의 스트레스가 정말 극에 달했던 시기였을 것 같다. 돈이 부족한 것은 어떻게든 당신이 벌어서 채워 넣으면 될 일이지만, 고생하는 아빠의 건강도 나빠지고 있었고, 할머니 병환도 점점 깊어지시니, 걱정 없는 날이 없었을 것 같다. 그 당시에 나는 결심했다. 언제 잘릴지 알 수 없는 회사 직원이 되는 것보다 은퇴 나이가 없는 전문직을 구해야겠다고. 그리고 아빠의 건강을 지켜 낼 수 있는 그런 사람이 되어야겠다고. TV 드라마 허준 선생님처럼 침 하나로 그리고 한약으로 사람의 병을 척척 고쳐 내는 한의사가 되어서 아빠의 건강을 지켜 내야겠다고.

 내가 재수를 하게 되어 서울로 올라가면서는 엄마가 감당해야 하는 돈이 더 커졌다. 그래서 월말이면 카드 돌려막기로 버텨 왔다고 한다. 더더구나 내가 대학교 다닐 때는 더 감당하기 힘든 상황이니 얼마나 애가 쓰였을까 싶다. 엄마 아빠의 사정을 잘 알기에 나는 대학교 때에는 전액 장학금을 타려고 그렇게 그렇게 열심히 공부를 했던 것 같다. 나와 내 동생, 우리 남매는 알았다. 우리들은 각자 결혼할 때 엄마 아빠가 해 줄 수 있는 것이 없으니 우리가 알아서 결혼해야 한다는 것을. 돌이켜 보면 부족하고 힘든 시기가 우리 남매를 독립적으로 키워 준 것 같다. 카드 돌려막기로 버텨 낸 세월을 생각하면 대출금을 모두 상환하던 날 엄마의 감동은 어떠했을까. 감히 내가 상상하지 못할 정도로 기쁜 일이 아니었을까 싶다.

 우리 엄마는 그런 사람이다. 녹록지 않은 세월을 살아오면서도 끊임없이 배우고자 했고, 그 열망 하나로 지금까지 올라온 것 같다. 기순이 엄마가 아니라 이숙희 이름 석 자를 내걸고 살고 있는 지금이 얼마나 자랑스럽고 뿌듯할까 싶다. 지금은 많은 사람 앞에서 자신이 살아온 이야기로 강연도 하고 싶다고 당당하게 말하는 우리 엄마. 그런 엄마가 참 대단하다.

 자서전으로 엄마 이야기를 풀어 나가는 이 일은, 어쩌면 엄마의 마음을 치유하는 길이기도 한 것 같다. 지난 세월을 돌이켜 보면서 한 글자 한 글자 손수 적어 보는 과정에서 이미 엄마는 힐링을 하고 있는 것 같다. 그리고 그저 한 여자가 살아온 이야기를 풀어낸 이 책으로 어느 누구라도 용기를 가지게 되고 위로를 받게 된다면 정말 감사한 일이 될 것 같다.

2025년 어느 여름날
딸 권기순

최우수상 수상작

굳세어라 숙희야 (feat. 열공)

이숙희

안녕하세요. 저는 경남 창원시에 살고 있는 1959년 8월 25일생 이숙희입니다.

2022년 말복 즈음하여 어느 날, 시내버스를 타고 시장 가는 길에 우연히 "인생 이모작 공모전"을 발견하고는 제 이야기도 여기에 해당이 되려는지 몇 일 동안 고민한 끝에 용기내어 글을 적어봅니다.

저는 현재 창원시에서 거주하고 있으면서 거제시에 있는 한의원에서 간호조무사 일을 하고 있습니다. 사실 이 일을 시작한 것은 불과 몇 년 사이입니다. 공사장 일용직 근로자로서 20년을 일한 이후 못 다했던 학업을 마친 이후 간호조무사로서 제 인생 이모작은 현재도 진행 중입니다.

제 인생 이모작은 환갑을 앞두고 시작되었습니다.

60세 이전의 제 인생은 여느 엄마들의 삶과 마찬가지로 가정에 충실한 아내였으며, 아이들에게는 든든한 버팀목이 되는 엄마였다면, 60세 이후의 제 인생은 그야말로 "이숙희"라는 이름으로 진짜 나를 찾아가는 인생이라고 하겠습니다.

저는 30대 후반부터 50대 후반까지 아파트 건설회사 공사장에서 설비 일을 도와주는 일용직 근로자였습니다. 흔히 "노가다"라고 불렀는데, 저 스스로 이 일에 대하여 너무 부끄러워하여 같은 일을 하는 사람 외에는 하물며 같은 아파트 주민에게도 제 직업을 직접적으로 말해본 적이 없습니다. 돌이켜보면 그 당시에는 저 스스로 자존감이 많이 낮았던 것 같습니다.

피치 못할 어려운 가정형편 때문에 초등학교조차 제대로 졸업을 못하고 어린 나이 때부터 공장에서 일을 해야만 했습니다. 어릴 때에도 공부라는 것을 제대로 하고 싶은 열망은 있었지만 어리고 능력이 없는 저로서는 어찌할 수 없는 환경이었습니다. 멋지고 좋은 남자를 만나 결혼해 보니 시집온 가정도 또한 가난하고 부족했습니다. 남편만큼은 잘 만났다고 생각되었지만 경제적으로는 매우 부족했습니다. 더더구나 제 나이 27세 때, 건강이 안 좋으신 홀시어머니

(당시 57세)를 모셔야 했으며 아들 딸까지 모두 다섯 식구를 먹여 살려야 하다보니 남편의 외벌이로는 턱없이 부족했습니다.

 돌이켜보면 그 당시 57세의 시어머니는 아주 젊은 나이였는데, 저희 시어머니는 타고난 체질이 너무 약해서 수시로 이유없이 쓰러지는 분이었습니다. 그래서 사회생활도 혹은 가정살림도 잘 못하시는 분이어서 시아버님이 돌아가신 이후 저희 가족이 모실 수 밖에 없었습니다. 시어머니께서 돌아가실 때까지 목욕시키고 병원 모셔가고 하는 것 모두 저의 몫이었습니다. 한 20년을 그렇게 같이 살고 계시다가 돌아가시기 1년 전부터는 아예 거동을 못하고 몸져누우셨는데 저는 차마 시어머니를 요양원으로 모시지 못했습니다. 제 몸이 힘들고 지쳐도 제 손으로 돌봐드리고 싶었습니다. 그래서 낮에는 공사장 현장 일을 하고 저녁에는 집에 돌아오자마자 손수 시어머니를 목욕시켜드리고 대변 소변 모두 받아내었습니다. 자궁 쪽에 무언가 안 좋으셨는지 썩는 듯한 악취가 나더라도 오로지 저희 집에서 모셔야겠다는 생각뿐이었습니다. 아이들은 학교 다녀와서 제가 퇴근할 때까지, 그리고 방학 기간동안 할머니의 대소변을 치워주고 밥상도 차려주면서 그렇게 저를 도와주었습니다. 악취가 나는 할머니 방을 아무 불평없이 치워주는 아이들에게 얼마나 고마웠는지 모릅니다. 그 당시에는 그냥 그렇게 살았습니다. 그 누구도 내 삶을 대신해 줄 수 없다는 것을 알았기 때문이니까요. 그런데 사람의 정이라는 것이 참 이상하지요? 시어머님이 돌아가시니깐 어느 가족보다 제가 제일 많이 슬펐거든요. 육체적으로 정신적으로 참 힘들었는데 20년의 세월 동안 쌓인 정이 그렇게 대단한가 봅니다. 요즘도 종종 시어머님이 생각이 나고, 시어머님의 그 때 그 나이를 제가 지나오다보니 더더욱 시어머님이 안타깝고 불쌍했다는 생각도 들고 그립기도 하는 것을 보니 말입니다.

 다시 제 나이 27세로 돌아가 생각해보면 다섯 식구를 먹여 살리기 위해서는 맞벌이는 해야 하는데 어린 시절 배움은 짧고 제가 선택할 수 있는 직업군은 한정되어 있었습니다. 게다가 직업을 선택할 때, 제 나름대로의 기준이 있었습니다. "엄마"라는 사람은 해가 지고 저녁 시간이 되면 집에 돌아와 아이들을 돌보아야 한다는 기준 말이지요. 일찍 퇴근할 수 있고 배움이 짧아도 일할 수 있는 직업을 찾다보니 공사장 일명 "노가다" 일이었습니다.

 저의 의지대로 선택한 것이 아니라, 제 배움이 짧은 상황 탓에 선택된 직업이라서 그런지, 사회적인 인식 때문이었는지는 모르지만 저는 이 직업이 자랑스럽기보다는 참 많이 부끄러웠습니다. 제 딸은 저에게 부끄러워하지말고 당당하라고 말했지만 제 스스로 제 직업이 싫어서 아이들에게는 학교에서든 친구에게든 그 누구에게도 절대 엄마의 직업을 말하지 말라고 그렇게 당부하고 부탁을 했었습니다. 사실, 아직도 누군가가 저에게 이전의 제 직업이 무엇이었냐고 물어보면 부끄럽고 창피합니다.

 공사장 일을 하면서도 저에게는 항상 꿈이 있었습니다. 초등학교를 졸업하지 못한 저로서는 배움에 대한 갈증이 항상 있었습니다. 그래서 새벽부터 저녁때까지 공사장 일로 힘들고 지쳐서 돌아와서 다섯 식구들 저녁해서 먹이고 씻기고 재우는 그 시간 틈틈이 심지어 화장실에서조차도 매일 매일 책 한 장씩은 읽어보려고 노력을 해보았습니다. 신문이든 잡지이든 만화책이든 장르를 가리지 않고 그 어떠한 책이든 매일 무조건 한 줄이라도, 한 장이라도 읽어보려고 노력했습니다. 우스갯소리로 제 딸에게 그런 말 한 적도 있습니다. 너희들이 초등학교 중학교 고등학교 대학교를 졸업할 때마다 나도 똑같이 그 학교를 졸업한 것처럼 느껴진다고 말입니다. 아이들이 보는 만화책이며, 교과서며, 소설책이며, 전공 서적이며, 가리지 않고 모두 읽어보았거든요.

 그럼에도 불구하고 제 마음 속에 무언가 채워지지 않는 그런 것이 있었습니다. 제가 정말 원하는 꿈이 있었습니다. 그것은 바로 나도 언젠가는 남들이 다 가는 대학이라는 곳을 꼭 가보겠다는 것이었습니다. 죽어도 대학이라는 곳을 가보고 죽고 싶다는 그런 꿈 말입니다. 이곳저곳 공사장을 옮겨다니면서도 마음속으로 그 꿈을 항상 간직하고 다짐했습니다. 사실 제가 꾼 최고의 꿈은 따로 있었습니다. 죽어도 대학을 꼭 가고 싶다는 것은 하나의 과정일 뿐이었고 더 큰 꿈은 바로 몸과 마음이 어려운 이웃에게 용기를 불어 넣어줄 수 있는 상담사가 되고 싶은 것이었습니다. 저와 같은 어려움을 겪는 이웃, 혹은 저보다 더 큰 어려움을 겪는 이웃에게 말 한마디라도 따뜻하게 건넬 수 있는 그런 사람이 되고 싶은 것이 저의 최종 꿈이었습니다.

저의 직업에 대해서 창피하고 부끄러웠다고는 했지만 한편으로는 배움이 짧은 저에게 그 일이라도 할 수 있음에 항상 감사하며 최선을 다하고자 노력했습니다. 그래서 지금도 설비 쪽 일은 용접을 비롯해서 웬만한 전문가만큼 할 수 있는 일이 많습니다. 그리고 여느 직업보다 수당도 높았기 때문에 아들 딸 교육도 잘 시키고 시어머님도 잘 모실 수 있었습니다.

제 인생 이모작은 50대 후반에 아주 작게 시작되었습니다.

공사장 현장 일을 다니면서도 배움에 대한 갈망은 항상 있었기 때문에 무엇이든 배우려고 노력했습니다. 50대 후반 무렵에는 낮에는 현장 일을 하고 저녁에는 왕초보 영어학원도 다녔습니다. ABCD도 모르고 간판에 적힌 영어를 읽을 줄 모르는 것이 너무 부끄러웠기 때문에 영어를 배우고 싶었습니다. Adidas, Nike, cafe 등등. 간판을 읽을 줄 모르는 것이 참 창피했습니다. 사실 현장 일을 마치고 저녁에 공부하러 간다는 것 자체가 매우 힘든 일이긴 했습니다. 공사 현장은 더울 때에는 숨이 막히도록 너무 덥고 땀이 범벅이 되어 지칠 대로 지치게 만들고, 추울 때에는 찬바람에 손발이 너무 얼고 온몸이 얼어서 지치게 만들기 때문에 워낙 체력이 약한 저로서는 공부를 병행한다는 것이 매우 버거운 일이었습니다. 하지만 한 글자 한 글자 알아가는 재미는 또 다른 행복감을 주는 일이었습니다.

영어를 배우는 와중에 딸의 도움으로 검정고시도 준비를 했습니다. 초등학교를 제대로 졸업을 못했었기 때문에 초등학교 과정부터 시작해야 했습니다. 초등학교 검정고시는 기출문제 중심으로 독학으로 합격했고요, 중학교 검정고시는 인터넷 강의를 들으면서 독학하여 통과하였습니다.

그러던 와중에 제가 다니던 설비회사에서 일거리가 없다고 저에게 쉬라고 연락이 왔습니다. 일용직 노동자이다보니 쉽게 말해서 짤린 것입니다. 그 때만 해도 저는 몇 달 쉬다가 회사에서 일거리가 생겼다고 연락이 오면 한 푼이라도 더 벌어볼 생각만 하고 있었습니다. 그러던 저에게 딸이 제안을 해왔습니다. 본격적으로 공부를 해보는 것이 어떻겠느냐고요. 이제는 아들 딸들이 각자 결혼하여 제 인생을 잘 살고 있으니 이제부터는 한 푼 더 벌려고 애쓰지말고 못다 한 공부를 집중해서 한번 해보자고요. 오히려 지금의 상황이 더없이 좋은 기회라고요.

 한편으로는 두렵기도 했습니다. 지금 당장 내가 돈을 못 벌게 되면 경제적으로 타격이 심할 텐데 어찌하나 하는 두려움도 있었습니다. 한 번도 쉬어본 적이 없이 일만 해온 저에게 잠깐 2-3주 쉬고 있는 그 당시의 상황도 사실 답답하기도 했습니다. 딱히 집에서 할 일도 없는 것 같고 무기력해지는 것 같기도 하고 몸이 더 아픈 것 같기도 했고요. 실제로 갑자기 일을 쉬면서 몸이 좀 많이 아팠습니다. 고질적으로 무릎관절이 붓고 아픈 것은 당연한 것이었고 몸살이 심해지면서 오한도 오고 관절 마디마디 안 아픈 곳이 없었으니까요. 회사에 안 가는 저의 인생은 상상이 잘 안 갔습니다.

 주변 지인들과 가족들은 제 건강상태가 공사현장 일을 할 수 없다는 이유로 더이상 일을 찾아다니지 말 것을 강력하게 권유했습니다. 저 또한 제 인생을 다시 한번 시작해보고 싶은 마음도 있었기 때문에 그야말로 정말 큰 용기를 내어서 제 직업을 한번 바꾸어보자고 결심했습니다.

 제 인생 이모작의 본격적인 시작은 이 때부터입니다. 반강제적으로 퇴직한 이후 검정고시 학원에 다니면서 고졸 시험을 준비했습니다. 중학교 과정까지는 어찌어찌하여 독학으로 겨우 통과했지만 고졸 시험은 생각보다 많이 어려웠습니다. 그래서 딸의 도움으로 검정고시 학원에 등록했습니다. 영어는 나름대로 꾸준하게 해 온 덕분에 조금이라도 알아들을 만했고, 사회 과학 역사는 강의를 들으면 들을수록 재미가 났습니다. 배우는 재미가 있었습니다. 그런데 수학만큼은 기초가 안 되어 있는 상태에서 시험준비를 한다는 것이 참 힘이 들었습니다. 이 기간동안 제 남편은 저의 수학 담당 선생님이 되어주었습니다. 남편은 한국폴리텍대학(구, 창원기능대학)을 졸업하고 전기기사 2급 자격증이 있을 만큼 수학을 참 잘하는 사람입니다. 나이가 들어서도 기본적인 방정식은 거뜬하게 해내는 사람이거든요. 저녁 식사 후에는 매일매일 남편과 저 둘이서 자정까지 밥상을 펼쳐놓고 수학 공부를 했습니다. 결국 시험에서 수학점수가 썩 좋지는 않았지만 남편 덕분에 포기하지 않고 조금이라도 자신감을 가지고 시험에 임할 수 있었던 것 같습니다. 이 무렵에 저는 제 남편에게 얼마나 고마웠는지 모릅니다. 여태까지 몇 십년을 같이 살아도 제 학력이 모자란다고 무시하지도 않고 오히려 저를 존중하고 신뢰해주면서 집안 살림을 온전히 저에게 맡겨준 남편이었거든요. 게다가 남편은 하루 종일 현장 일에 피곤했을 법도 한데 남편 나름대로 열심히 수학을 가르쳐주려고 애쓰기도 했으니 정말 고맙고 감사했습니다.

남편을 비롯한 여러 선생님의 도움으로 58세 때 고등학교 검정고시에 합격을 했습니다. 드디어 저는 이력서에 "고졸"이라고 당당하게 쓸 수 있게 된 것입니다. 사실 2년제이든 4년제이든 대학교를 가고 싶어도 고졸이 안 되면 지원조차 할 수 없었거든요. 대학교에 들어갈 수 있는 최소한의 자격조건이 된 것입니다. 정말 그 당시에는 눈물이 날 것 같았습니다. 어찌보면 지금의 학생들은 공부를 잘하든 못하든 꾸준하게 학교만 잘 다니면 얻어지는 고졸이라는 학력이 저에게는 너무나도 높은 벽처럼 느껴졌었거든요. 저도 해낼 수 있다는 자신감도 생기기도 하고 스스로 해냈다는 뿌듯함도 있고 어떻게 표현하지 못할 그런 감동이 있었습니다.

59세에 드디어 꿈에도 그리던 대학교에 지원을 했습니다. 수능을 볼 정도의 실력은 안 되었기 때문에 2년제 만학도들이 가는 주말반 대학교에 지원하여 입학을 하게 되었습니다. 그 학교는 경북 경산에 있는 영남 외국어 대학교였는데, 그 중에서 보육복지상담과로 입학을 했습니다. 그 과는 보육교사 2급과 사회복지사 2급을 취득할 수 있는 곳이었습니다. 제가 원래 원하던 상담사의 꿈에 더 가까이 갈 수 있는 곳이었기 때문에 그곳으로 지원했습니다.

실제로 제가 제대로 된 학교생활을 해보는 것은 이 대학교 2년 동안이라고 할 수 있습니다. "이숙희"라고 출석 체크를 하면서 나의 담당 교수님도 생기고 나의 학우들도 생기면서 MT도 가보는 그런 학교생활을 처음으로 해보게 되었습니다. 사실 공사장에서 일만 해오던 저로서는 일반 고등학교를 마치고 들어온 학우들에 비해 스스로 자신감이 떨어지고 자격지심이 생기고 좀 그런 감정이 들긴 했습니다. 대학 동기 중에서 제가 세 번째로 나이가 많았는데 나머지 젊은 학우들 틈에서 저 나름대로 잘 어울려보려고 노력을 했습니다. 원래 제 성향이 밝고 긍정적인 편이라 아래, 위 학우들과 원만하게 지내면서 너무너무 즐겁게 지냈습니다. 지금도 교수님과 학우들과 종종 연락하면서 지내는데 기분이 참 묘하다는 것을 느낍니다. 저에게도 학교 친구가 생기고, 존경하는 교수님도 생겼으니 말입니다.

2학년 졸업반 때에는 간호조무사 자격증을 따기 위해 간호학원에도 등록 했습니다. 맨 처음 간호학원에 등록하려고 원장선생님과 면담을 하는데 저를 받아주기가 곤란하다고 했습니다. 간호학원은 국비 지원을 받아서 실제로 취업을 목표로 하는 사람들 위주로 교육하는 곳인데, 저는 나이가 많아서 취업을 시켜줄 자신이 없기 때문에 받아줄 수 없다고 했습니다. 실제로 두 군데 간호학원에서는 거절을 당하였고 마지막으로 연락해본 곳에서는 제 딸이 운영하는 한의원에 취업한다는 조건으로 등록을 받아주었습니다.

대학 생활의 마지막 일 년은 제 나름대로 최선을 다하여 공부를 했습니다. 주중에는 간호학원을 다니고, 주말에는 대학교를 다니는 생활이 체력적으로 많이 힘들기는 했습니다만, 저에게는 희망이 있었습니다. 나의 꿈에 점점 다가가고 있다는 희망 말이지요.

61세 되던 해에 저는 대학교를 졸업하면서 보육교사 2급, 사회복지사 2급, 간호조무사 자격증, 요양보호자 자격증 등 모두 취득을 했습니다. 제 사진이 붙어있는 국가 자격증 말이지요. 정말 이루 말할 수 없는 기쁨이었습니다. 더욱이 간호조무사 자격증 합격 발표하던 날 학원 원장님께서 직접 저에게 전화를 하시면서 학원 설립한 이래 60대를 합격시켜보기는 처음이고 열심히 공부해주어서 고맙다고 하셨습니다. 저는 원장 선생님께 오히려 저를 학원에 등록시켜주고 공부할 수 있는 기회를 주어 너무 감사하다고 인사했습니다.

이제는 취업에 대한 현실적인 문제가 남았습니다. 보육교사 2급 자격증을 따는 과정에서 어린이집에서 실습을 해본 적이 있습니다. 아이들은 예쁜 할머니라고 잘 따라주었고 어린이집 원장선생님께서도 저를 많이 아껴주시고 꼭 여기로 취업하라고 응원을 해주었습니다. 저 또한 아이들의 천진난만함이 너무 사랑스럽고 보람도 있었지만 퇴행성 무릎 관절염과 허리 통증으로 인하여 어린 아이들을 돌보는 것이 체력적으로 많이 힘들었습니다.

 사회복지사 2급으로 실제 취업을 해보려고 하니 나이 제한도 있었고 더욱 큰 걸림돌은 전산 능력이었습니다. 컴퓨터가 능숙하지 못하고 나이가 많은 상태라서 사회복지사로서 취직하는 것이 어려웠습니다.

 그런데 간호조무사의 일은 저에게 매우 적합한 것 같았습니다. 저는 창원에 살고 있고 딸이 운영하는 한의원은 거제도에 있었지만 때마침 그곳에서 일할 수 있는 기회가 생기기도 했고요, 아픈 사람들에게 저의 손길과 말 한마디가 도움이 될 수 있다는 것에 더욱 매력을 느꼈습니다. 실제로 61세 때부터 지금까지 주 3회 파트타임으로 딸이 운영하는 한의원에서 일을 하고 있습니다. 아침 일찍 창원에서 거제도까지 시외버스를 타고 출퇴근하면서 일을 하고 있습니다.

 제 또래의 친구들이 아파서 한의원에 오면 조금이라도 더 챙겨주고 싶고, 저보다 한참 나이가 많으신 어르신들이 오면 부축이라도 해드리고 싶고, 한 번이라도 더 만져드리고 싶고, 말동무라도 해드리고 싶은 마음에 더욱더 최선을 다해서 일하고 있습니다. 어느 환자분이 아줌마 선생님 오늘 출근 안하냐고 저를 찾았다는 말을 전해 들으면 얼마나 뿌듯하고 기쁜지 모릅니다. 심지어 제가 출근하는 날에 맞추어서 한의원에 오신다는 분도 계신다고 하니 저의 손길이 도움이 되기는 하는 것 같습니다.

 그렇게 저의 인생 이모작은 '이숙희 간호조무사'라는 이름표를 달고 진행 중에 있습니다.

 한의원이라는 공간에서 간호조무사로서 일을 하면서도 제가 원했던 상담사 역할도 하고 있습니다. 물론 전문적인 공간에서 정식으로 하는 상담사 역할은 아니지만 몸과 마음이 아픈 환자들에게 따뜻한 한 마디라도 건넬 수 있고 도움을 줄 수 있는 것이 이미 제 꿈을 다 이룬 것 같아서 너무 감사하고 감사합니다. 한편으로는 원장님의 친정엄마가 아닌 한 명의 직원으로서 다른 선생님들과 똑같이 밥을 먹고 똑같이 일을 하면서 잘 어울려보려고 애쓰고 있습니다. 그래서인지 몰라도 젊은 선생님들이 제가 출근하는 날이 기다려진다고도 그렇게 말을 해준답니다.

 부족한 학력 때문에 저 스스로 위축되고 부끄러웠던 지난 날을 돌이켜보면 사실 그렇게 창피할 것도 없었지만 그 부족함 덕분에 늦은 나이에도 힘을 내어 이루어내야 하는 목표가 있었고 그 목표를 향해 달려볼 수 있었습니다.

네, 저는 지금 너무 행복합니다.

제 인생의 전반전도 나름 성공을 했습니다. 공사장 일은 겨울에는 유난히 춥고 여름에는 숨막히게 더웠지만 그 일 덕분에 제 가정을 이루어낼 수 있었습니다. 모두가 부러워하는 착한 남편이 제 곁에 있고, 바르게 커 준 아이들이 각자 삶에 충실하면서 살고 있으니 말입니다. 한의학 박사까지 마치고 거제도에서 한의원을 운영하고 있는 딸과, 현대중공업에서 열심히 일하는 착실한 아들과, 착한 심성으로 올곧게 일하고 있는 세무사 사위와, 야무지고 똑부러지게 살림 잘하는 영어선생님 며느리까지… 제 인생 전반전도 이 정도면 괜찮은 인생이었다고 생각합니다.

제 인생 후반전은 제가 그토록 원하던 대학 생활도 해보고, 보육교사 2급 자격증, 사회복지사 2급 자격증이라는 국가 자격증도 따보고, "이숙희 간호조무사"라는 이름으로 타인에게 도움이 되는 삶을 살고 있으니 제 인생 이모작도 나름대로 성공했다고 생각합니다.

한없이 부족한 아내를 항상 자랑스럽다고 말해주는 남편에게 고맙고 든든한 버팀목이 되어주는 아들에게도 고맙고 공부할 수 있게 지원군이 되어준 딸에게도 고맙고 감사합니다.

제 나름대로 제 인생 이모작 성공~!
이숙희 파이팅~! 이렇게 외쳐봅니다. 감사합니다.

· **첫번째 추천사**

 제가 감히 고귀한 한 여인의 인생이 담긴 자서전에 한 줄이나마 이렇게 참여할 자격이 되는지 고민하다가, 심사숙고 끝에 숙희 씨의 부탁을 받아들이기로 했습니다. 우리가 처음 만난 곳은 동네 목욕탕에서였어요. 가벼운 인사로 시작된 인연이었는데, 서로의 사는 이야기를 나누다 보니 점점 이숙희라는 사람의 매력이 보였습니다. 숙희 씨는 알면 알수록 소녀 같은 순수함이 돋보였고, 특히 웃음을 머금은 미소가 한 송이 꽃처럼 예쁘더라고요.

 그렇게 10년이란 시간 동안 교류하면서 저에게 자신이 걸어온 삶의 환경 등을 하나씩 들려주었습니다. 저는 숙희 씨를 고운 사람으로만 보았기 때문에, 그렇게 삶에 질곡이 있을 것이라고는 예상치 못해서 속으로 충격을 좀 받았었지요. 여리게 보이는 겉모습과 달리, 내면은 자기의 꿈과 배움에 대한 갈망으로 가득 차 있다는 것을 알게 되었고, 그 힘든 일을 하면서도 공부의 끈을 놓지 않은 집념이 대단하다고 생각하였습니다.

 그러다가 숙희 씨가 일과 공부를 선택해야 할 기로에 서 있을 때, 제가 심리상담사 자격증을 인터넷 강의로 공부했던 경험담을 전해 주었고 그 말을 들은 숙희 씨는 기회를 놓치지 않았습니다. 저는 제 경험을 전달했을 뿐인데, 숙희 씨는 본인의 순수한 의지와 열정, 그리고 도전을 거듭한 무한한 노력으로 자기 삶의 궤도를 바꾸어 놓았습니다. 그런 과정들이 참 대견하고 아름답기까지 했습니다.

 그동안의 땀과 눈물이 거름 되어 마침내 책으로써 결실을 거두는 것이라 생각합니다. 거기에다 이웃에 대한 봉사와 나눔까지 진정한 이타행의 삶을 추구하는 숙희 씨에게 존경과 찬사를 보냅니다. 멋진 이숙희 여사님! 남은 여정의 시간을 응원하겠습니다. 사랑합니다.

2025년 7월

친한 언니 예미자

· 두번째 추천사

　결혼 초반에 시댁을 한 번씩 방문할 때면, 좀 남다른 점이 있다고 느꼈습니다. 안방 화장실에는 신문과 한자 학습지가 있었고. 책상이나 식탁 위에는 영어학습지나 어머님이 공부하시는 책들이 있었습니다. 그 당시에는 평일에 일 다니시고, 저녁에 공부도 하시는 게 참 대단하다고 생각했습니다. 어머님 연세에, 배움에 대한 열정이 있다는 것이 멋있기도 했습니다. 하지만 그 열정 뒤에 너무도 힘겨웠던 세월이 있었다는 것은 잘 몰랐습니다.

　학교에 가고 싶었던 어린 숙희와 꽃처럼 예뻤을 공순이 숙희 양, 가난 속에서 행복을 꿈꾸었던 새댁 숙희 씨, 몸이 부서지게 일했던 엄마 숙희 씨.

　대부분 사람이 힘들게 그러나 열심히 살았다던 그 시절, 우리 어머님은 남보다 더 힘들게, 더 열심히 사셨다는 것을 뒤늦게 알게 된 며느리는, 자꾸만 붉어지는 눈시울에 겨우겨우 어머님의 인생 이야기를 끝까지 읽을 수 있었습니다. 만약 국민학교 4학년인 어린 숙희를 만날 수 있다면, 우리 딸아이를 안을 때처럼, 꽉 껴안고 토닥여 주고 싶은 마음입니다.

인생의 힘겨운 날들을 보통 겨울이라 하고, 행복하고 좋았던 날들은 봄이라 한다지요. 어머님의 지나간 세월이 다 꽁꽁 얼어붙은 겨울이었을까요? 그러다 문득 계속 겨울만 있던 건 아니라는 생각이 들었습니다.

과자 공장에서 받은 월급을 부모님께 드렸을 때, 여공 시절 아버님과 펜팔로 서로의 마음을 주고받았을 때, 소중한 아들, 딸을 낳았을 때, 큰딸이 한의대에 합격했을 때, 더듬거리며 영어 간판을 읽게 되었을 때.

고된 인생의 여정 속에서도 분명 짧은 봄은 있었을 겁니다. 너무 추웠기에 찰나의 봄은 훨씬 따뜻했겠지요. 그리고 이제 어머님의 인생은 봄으로 가득한 듯합니다. 그 봄을 많이 축하드리고 응원합니다.

"씩씩하고 굳세게 살아오신 우리 어머님, 존경하고 사랑합니다."

2025년 7월
며느리 강희정

· 마지막 추천사

  저는 초등학교에 다닐 때, 일 다니지 않는 엄마를 가진 친구들이 부러웠습니다. 학교 마치고 가면 할머니께서 반갑게 맞아주셨지만, 어린 마음에 엄마가 집에 있었으면 좋겠다고 생각했었지요. 엄마가 바쁘다는 것은 알았지만, 어떤 일을 하시는지, 얼마나 힘든 일을 하시는지 잘 몰랐습니다.

  제 기억에, 늘 분주했던 엄마는 이른 아침에 출근해서 퇴근하고 오면 쉴 틈도 없이 부리나케 저녁밥을 준비했습니다. 그래도, 다 같이 식탁에 둘러앉은 식사 시간에는 서로 얼굴 보며 그날 있었던 소소한 이야기를 귀 기울여 들어주셨습니다.

  철없던 어린 시절에는 엄마가 진통제를 달고 사시는 것을 보고도 대수롭지 않게 여겼었는데, 지금 생각해 보면 공사장에서 막노동 일하시면서 얼마나 힘들었을까 하는 생각이 들어 가슴이 아픕니다. 아빠와 엄마는 저희를 가르치고 생활하기 위해 힘든 일 마다하지 않고 일하다 보니 몸이 상한 것이었어요. 저도 이제 성인이 되고 직장을 다니다 보니, 그때 엄마가 가족을 위해 그리고 자식을 지키기 위해 열심히 살았다는 것을 느끼게 되었습니다.

엄마는 초등학교도 제대로 나오지 못했다는 이야기를 한 적이 없었습니다. 너무 부끄러워서 저한테 한마디 말조차 없으셨는데, 갑자기 공부하고 싶다고 학습지를 하시더니 본격적으로 검정고시에, 대학까지 준비하셨습니다. 저는 말로는 "열심히 노력해 보세요."라고 했지만, 그것이 엄마의 평생소원이었을 정도로 간절한 꿈인 줄은 알지 못했습니다. 그런데, 힘든 일을 하면서도 틈틈이 노력해서 학력취득과 대학 진학, 간호조무사 자격증까지, 당신이 그토록 원하던 바를 하나씩 이뤄가다니 너무 대단하고 멋있다고 생각했습니다.

어느 날은 경상남도 신중년 인생 이모작 수기공모전에서 최우수상을 받았다면서 시상식에 참석한다는 전화가 왔습니다. 대학 졸업에, 사회복지사, 간호조무사 등 4개의 자격증을 취득하고 공모전에서 상까지 타셨다는 소식을 듣고 속으로 저는 놀랐습니다. 저희 엄마시지만, 그 열정에 저절로 머리가 숙어졌습니다. 모든 일에는 나이도 중요하지만, 자신의 의지와 노력이 더 중요하다는 것을 느끼게 되었습니다. 엄마는 백 마디 말보다 행동으로써 큰 가르침을 주신 것입니다.

엄마 옆에서 힘이 되어 주고 지원해 주신 아빠,
아빠 옆에서 지혜롭게 생활해 주신 엄마

너무 존경하고 고맙습니다.
이렇게 건강하게 자랄 수 있었던 건 부모님께서 우리 가족을 잘 지켜주신 덕분이라고 생각합니다.
앞으로도 건강하고 행복한 일만 있었으면 합니다.
사랑합니다.

2025년 7월

아들 권도욱

굳세었다! 숙희야

초판 1쇄	2025년 7월 1일

글쓴이	이숙희
그린이	하늘풀꽃 진아

펴낸이	노선화
펴낸곳	이분의일
주소	경기도 과천시 과천대로 2길 6, 과천테라스원 508호
전화	02-3679-5802
이메일	onehalf@1half.kr
홈페이지	www.1half.kr

출판등록, 제 2020-000015호
ⓒ이숙희, 2025
ISBN 979-11-94474-17-3 (03810)

이 책에 실린 글과 이미지의 무단복제를 금합니다.
이 책의 내용의 전부 또는 일부를 재사용하려면 반드시 출판사의 동의를 받아야 합니다.